Cardenal Eduardo Pironio

A LOS LAICOS

La alegría de la misión

NARCEA, S.A. DE EDICIONES

Editado y distribuido por:

© NARCEA, S.A. DE EDICIONES, 2024
Paseo Imperial 53-55. 28005 Madrid. España
www.narceaediciones.es

ISBN papel: 978-84-277-3152-3
Depósito legal: M-4270-2024

Impreso en España. Printed in Spain

© Agape libros (Todos los derechos reservados)
www.agape-libros.com.ar

ÍNDICE

NOTA
A LA EDICIÓN
ESPAÑOLA

Poner en manos del lector o lectora un nuevo trabajo del Cardenal Pironio es siempre algo sumamente positivo y que enriquece un fondo editorial. Narcea Ediciones se felicita de poder hacerlo cuando todavía resuena en la Iglesia el acto de beatificación de tan querido autor.

Tuvimos el honor de publicar en 1980, con casi una decena de posteriores reediciones, un breve, profundo y bello libro de nuestro querido amigo Monseñor Pironio, *Pobreza y esperanza en María.* Ahora, después de mucho tiempo y cuando el autor (1920-1998) nos dejó hace años, nos cabe la satisfacción de publicar algunos escritos suyos, inéditos en España, sobre la figura del laico en la iglesia.

El contenido de esta edición, como presenta acertadamente su buen amigo el Obispo emérito Jorge Casaretto en la Presentación del libro, aunque escrito por Pironio hace varias décadas, está dotado de una visión anticipada en el tiempo, y constituye todo un acertado programa para el hombre y la mujer del siglo XXI; en un tiempo en el que el laicado ha asumido su lugar activo en esta Iglesia sinodal en la que está inmerso.

El texto presenta, con la sencillez, profundidad y calidez que caracterizan al autor, de dónde nace, cuál es, cómo se manifiesta y cuál debiera ser, el papel del cristiano en la sociedad que le toca vivir, desde su condición específica de laico comprometido en la edificación del reino de Dios. Intencionadamente, no se ha retocado el texto, escrito directamente de su pluma, y con un lenguaje directo, con motivo de algunas intervenciones suyas con diversos grupos de laicos.

Animamos a la lectura sosegada y reflexiva de estas breves páginas, sea personalmente o en grupo. Hay lecturas que "sientan bien" al alma y al espíritu; este libro es una de ellas.

El cardenal Eduardo Pironio fue declarado siervo de Dios, en 2006, por el Papa Benedicto XVI, y beatificado el 16 de diciembre de 2023 por el Papa Francisco, delegando este acto, que tuvo lugar en la Basílica de Nuestra Señora de Luján, en el que fuera su secretario, el cardenal Fernando Vérgez Alzaga.

PRESENTACIÓN

Conocí al Cardenal por primera vez cursando teología en el seminario de Villa Devoto. Él era su rector, pero además dictaba como profesor el tratado sobre la Santísima Trinidad. En ese tiempo pude apreciar que estaba ante un *sacerdote* en el más pleno sentido de la palabra. Didáctico como docente, pero sobre todo atento al camino de cada uno de nosotros.

La Iglesia lo llevó como obispo a Mar del Plata, pero rápidamente captó su capacidad y su vida virtuosa y comenzó un largo trajinar en el CELAM. Después, Pablo VI lo convocó a Roma, lo hizo cardenal y tuvo que ocuparse primero de la vida religiosa, y ya con Juan Pablo II del laicado.

Fue a partir de esta última etapa de su vida que pude trabar una relación de amistad con él. Yo estaba aquí a cargo del laicado y de la juventud. Y cuando organizamos una gran Jornada Nacional de Jóvenes en 1985, en Córdoba, el Cardenal vino a brindarnos una charla magistral en un estadio de fútbol repleto de jóvenes que quedaron realmente extasiados con sus palabras.

Recuerdo que ese día me dijo: "Jorge, tenemos que traer a Juan Pablo II a la Argentina, para realizar aquí la primera Jornada Mundial de la Juventud fuera de Roma". Y así fue. En abril de 1987, la avenida Nueve de Julio se transformó en un campo de juventud.

A partir de esos años, mi cercanía y la de algunos jóvenes y laicos argentinos con el Cardenal fue creciendo. Correspondencia frecuente, algunos encuentros personales...; en fin, la gracia de Dios que me permitió compartir una pequeña porción de la vida de un hombre santo.

Este libro nos va a permitir interiorizarnos más plenamente en la misión del laicado en la Iglesia. Pironio tenía la virtud de escribir "con la cabeza y con el corazón". Por eso, en él vamos a encontrar enseñanzas que no son solo razonamientos intelectuales. Son pensamientos que me gustaría llamar "hechos de vida". No es una repetición de lo que dicen los documentos sobre esta temática, sino una tradición vital –animada y sazonada en el corazón del Cardenal por obra del Espíritu– de la extraordinaria misión de los laicos en la Iglesia y en el mundo. Es muy importante presentar la visión del Cardenal Pironio sobre esta temática, en un momento en que la Iglesia toda está llamada a protagonizar la sinodalidad como estilo de vida, novedoso por un lado y con una larga tradición por otro. La sola lectura del índice nos muestra hasta qué punto la visión del Cardenal ha sido realmente profética.

Me alegra mucho presentar este libro y lo hago con enorme gusto recordando cuánto aprendí como sacerdote y como obispo de un verdadero santo como fue Eduardo Pironio.

JORGE CASARETTO
Obispo Emérito de san Isidro

JUNTO A JESÚS, CONSTRUYAMOS LA CULTURA DE LA VIDA

*"He venido para que tengan vida,
y vida en abundancia"*
(Jn 10,10).

Al empezar nuestra reflexión, quiero recordarles estas palabras de Jesús que son una promesa para toda la humanidad. Estamos llamados a abrir en el mundo caminos a la vida, hacer lo que esté a nuestro alcance para que la vida pueda llegar a todos, para que todos puedan acogerla.

Jesucristo, que ha venido entre nosotros para que tengamos vida, nos indica cómo dar esa vida que él mismo nos ha dado. Toda la vida terrena de Jesús fue un continuo dar la vida. Él es el enviado del Padre para que todos tengamos vida eterna. Él, que estaba junto al Padre, dejó su condición divina para hacerse uno de nosotros (cfr. Flp 2,6-11), y de esta forma venir al encuentro de la humanidad. Jesús ha dado la vida a los enfermos, y curando, no solo ha restituido la salud física, sino la posibilidad de ser considerado persona en la sociedad; ha dado vida a los pecadores, posibilitando una nueva relación con Dios; ha dado vida a los que lo buscan manifestando con obras y palabras el camino para llegar al Padre; ha resucitado a los muertos, para que creamos que él es el enviado del Padre; y ha dado vida entregando su propia vida: nadie tiene un amor mayor que quien da la vida por sus amigos (cfr. Jn 15,13). Y sigue dando vida por medio de su Espíritu, el Espíritu que descendió en Pentecostés sobre los apóstoles reunidos en oración con María, el Espíritu que vivifica a su Iglesia y nos hace criaturas nuevas, nueva creación (cfr. 2 Cor 5,17). El Espíritu nos hace exclamar "¡*Abbá*, Padre!", porque por medio del bautismo nos ha hecho hijos en el Hijo. Por la acción del Espíritu en nuestros corazones, podemos entrar en la pedagogía de Dios.

El capítulo 8 de la Carta de San Pablo a los Romanos nos presenta de una forma maravillosa la vida del cristiano en el Espíritu. A partir de la novedad que el Espíritu ha hecho en nosotros, va creciendo en nosotros la gracia, el conocimiento de las cosas de Dios... hasta llegar a la novedad definitiva de los cielos nuevos y la tierra nueva (cfr. Ap 21,1), cuando veremos a Dios tal cual es (cfr. 1 Jn 3,1-2). Esta es la fuente de nuestra esperanza, que en el cristiano es también compromiso misionero y de fraternidad.

Como cristianos, tenemos que ser profetas de la vida con las obras y con las palabras.

VALORAR Y AGRADECER EL DON DE LA VIDA

"Qué bueno es alabarte, Señor,
y cantar a tu nombre;
proclamar tu misericordia por la mañana
y tu fidelidad cada noche.
Tus acciones, Señor, son mi alegría,
y mi júbilo las obras de tus manos.
¡Qué magníficas son tus obras, Señor,
qué profundos tus designios!" (Sal 92,2-3.5-6).

Un primer paso para construir una cultura de la vida es valorar y agradecer el don de la vida, bendecir al Señor por la que nos regala cada día, la nuestra y toda la que hay a nuestro alrededor.

Agradecer la vida es reconocer la obra de Dios en cada uno de nosotros, en cada rostro humano que encontramos en nuestro camino, agradecer la creación, la naturaleza, el progreso de las ciencias.

Valorar la vida es reconocer la dignidad de cada ser humano, de cada pueblo, de cada cultura. Es reconocer las semillas del Reino que crecen a nuestro alrededor.

El cristiano está llamado a estar atento a la vida en todas sus manifestaciones, aun en las más simples. Tenemos que descubrir la vida que brota a nuestro alrededor, aun en medio del dolor. Tenemos que preparar el corazón para acoger la vida. Hacer de nuestra presencia una vida amable –digna de ser amada– supone abandonar el egoísmo, la insolidaridad.

En nuestro mundo continuamente encontramos contradicciones. Son muchos los signos de muerte:

son muchas las personas que todavía viven en condiciones infrahumanas, de miseria, sin acceso a la cultura, a la educación, a la formación; muchas las personas que nunca se han sentido amadas, muchos abandonados, muchos que no encuentran sentido a sus vidas o que lo buscan por caminos equivocados; muchos los que todavía no conocen a Dios, Señor de la vida.

¿Qué hacemos frente a esas situaciones? Nuestro compromiso con la vida no nos puede dejar indiferentes. Nuestro agradecimiento al don de la vida tiene que ir acompañado de gestos concretos, aunque sean pequeños, que vayan transformando la muerte en vida, llevando luz donde las tinieblas nos circundan.

La sensación de impotencia ante los grandes problemas de la humanidad, ante el peso del dolor y de la cruz, nos puede llevar a la tentación de la desesperanza. Pero la esperanza es la virtud cristiana que nos permite no pararnos en lo inmediato, que nos da la certeza de que el Señor, amante de la vida, hace nuevas todas las cosas.

El mundo está sediento de vida. Hay que abrir en el mundo caminos a la vida. El Concilio Vaticano II nos dice que el futuro de la humanidad está en manos de todos aquellos que sepan ofrecer razones para vivir y para esperar (cfr. GS 31). Bonita tarea que se nos ofrece. Pero para estimar la verdadera vida, responder a los desafíos que el mundo nos presenta y encontrar la verdadera vida, hay que orar la vida, elegir la vida. Construir una sociedad donde la vida sea digna del ser humano pide desasimiento. Cambiar realidades de muerte por realidades de vida, exige pasar por la cruz.

No podemos valorar la vida si no vivimos el amor. La ley de la transformación del mundo. El amor que Cristo nos ha manifestado, nos ha enseñado. El amor que perdona, que reconstruye, que es capaz de dar la vida, de pasar por la cruz sin perder la esperanza.

ELEGIR LA VIDA

> "Se ponía ya en camino cuando uno corrió a su encuentro y, arrodillándose ante él, le preguntó: «Maestro bueno, ¿qué he de hacer para tener en herencia vida eterna?»" (Mc 10,17).
> "Yo soy el camino, la verdad y la vida" (Jn 14,6).

El Evangelio de Juan, el evangelio de la vida, nos ofrece numerosas imágenes y diálogos que nos dan a entender qué significa la afirmación de Jesús: "Yo soy el camino, la verdad y la vida". Jesús es el Hijo amado, muestra del amor infinito del Padre; es el agua de la vida, el pan de vida, la luz del mundo, la resurrección, quien perdona... Todo esto debe ser el cristiano en el mundo. Pero para ello hay que elegir a Jesús, conocerlo, amarlo, dialogar con él.

Elegir la vida es elegir a Jesús, es elegir al amigo. Es una elección de amor que hay que renovar cada día. Es entrar en una relación nueva que es itinerario de vida, diálogo, amistad, contemplación: volver la mirada hacia aquel que me ha elegido, que me ha amado.

Elegir la vida es amar a aquel que nos ha amado, que ha dado su vida por nosotros. Es un amor que se manifiesta en el amor a los hermanos, en el dar la vida. El amor pasa por la cruz: "Nadie tiene mayor amor que el que da la vida por sus amigos". Pero no olviden que la cruz del cristiano es una cruz pascual.

Elegir la vida es "escuchar su voz": en la oración, en el diálogo personal con él. Precisamente durante este año, el Santo Padre les propone para reflexionar el primer diálogo de Jesús con sus discípulos: "Maestro, ¿dónde vives? Vengan y verán" (Jn 1,38-39). La respuesta de Jesús es una invitación. A Jesús no se lo conoce en los libros, no es fruto de nuestra reflexión. A Jesús se lo conoce en un encuentro, siguiendo sus huellas, quitando de nosotros todo lo que nos impide verlo, descubriendo su amor. Se lo descubre en la escucha de la Palabra, en la oración, en la Eucaristía, entre los más pobres, entre los que invocan su nombre, entre los que lo buscan aun sin conocerlo, entre los que se esfuerzan por construir la unidad, la fraternidad, la nueva civilización del amor.

Elegir la vida es también orar la vida, es decir, descubrirla a la luz de la Palabra, dejarse transformar por la vida, crecer en ella. Orar la vida es luz, es fuerza, es compromiso con el Señor de la vida y con los hermanos. Necesitamos confrontar nuestra vida y la del mundo en un encuentro personal con Dios, necesitamos orar la vida y vivir en actitud orante.

Elegir la vida es vivir "unidos a él", es vivir coherentemente el Evangelio, haciendo nuestra la causa de Jesús. Es seguir su camino, vivir en fidelidad la llamada del que siempre es fiel.

ANUNCIAR LA VIDA

> "Lo que existía desde el principio, lo que hemos
> oído, lo que hemos visto con nuestros ojos,
> lo que contemplamos y tocaron nuestras manos
> acerca de la Palabra de Vida... se lo anunciamos,
> para que también ustedes estén en comunión
> con nosotros. Y nosotros estamos en comunión
> con el Padre y con su Hijo, Jesucristo. Les escribimos
> esto para que nuestro gozo sea completo" (1 Jn 1,1-4).

También nosotros, como Juan, damos testimonio y podemos *anunciar la vida* que se nos ha manifestado y que hemos elegido. Este anuncio es una misión recibida: cada gesto, cada palabra, cada acción que hagamos tiene que ser generador de vida, tiene que ser opción de vida. Allí donde haya muerte, pongamos y anunciemos la vida.

Nuestro mundo está sediento de vida plena:

- Nuestro mundo está sediento de *amor*, los discípulos de Jesús se distinguen por el amor entre ellos, por la comunión.
- Nuestro mundo está sediento de *esperanza*, la esperanza es la virtud de los que han acogido y viven la salvación, de quien pone su confianza en el Señor y se abandona en sus manos.
- Nuestro mundo tiene sed de *paz*, de una paz que no solo evite la guerra, sino que construya y supere las diferencias, de la paz que los discípulos han recibido del Maestro.
- Nuestro mundo tiene necesidad de *alegría*, del gozo profundo que brota de la paz, del gozo de

los que, como María, saben que el Señor es su Salvador y buscan hacer su voluntad. Del gozo que, precisamente porque pasa por la cruz, vive la profundidad del Misterio Pascual.

• Nuestro mundo necesita *generosidad*, de personas capaces de darse desinteresada y gratuitamente.

• Nuestro mundo necesita testigos, *mártires*. Son muchos los hombres y las mujeres que, a lo largo de la historia, han dado y siguen dando la vida a causa del Evangelio. Pero las cosas no se improvisan. El mártir es el hombre que espera en el Señor, que sabe que quien pierde su vida por causa del Evangelio, la encontrará (cfr. Lc 9,23-26). En el mártir descubrimos la coherencia entre la fe y la vida. El mártir acepta la muerte por amor, diciendo con este gesto de entregar la vida que ha encontrado al único que da pleno sentido a la existencia. La Iglesia necesita mártires, personas que con el gesto de dar la vida por Cristo, aceptando la muerte, hacen visible el amor. Necesitamos mártires, testigos anunciadores de la vida que, pasando por la cruz, genera vida. Pero el martirio no se improvisa. Es consecuencia de una vida que ha descubierto el amor, la entrega incondicional, la alegría que brota de la cruz, que es buena noticia para el mundo.

Para ser buena noticia hay que dejarse guiar por el Espíritu, el Espíritu que da vida. El Espíritu que nos hace testigos del amor de Dios, comunicadores de la fe, sembradores de esperanza.

Contemplemos a María que nos ha dado al que es la vida. Que ella, que supo acoger la Palabra y conservarla en su corazón, nos guíe en el camino de la santidad. Con ella proclamemos el Magníficat dando gracias por la vida que el Señor nos ha dado y nos da, por las maravillas que obra en cada uno de nosotros, por su misericordia que es fuente de vida.

LOS LAICOS CRISTIANOS, CONSTRUCTORES DE LA SOCIEDAD

Queridos hermanos y hermanas, queridos amigos todos, en Cristo el Señor. Quisiera que la reunión de esta noche tuviera un clima de mucha sencillez, fraternidad y oración. El Señor está en medio nuestro porque nos hemos reunido en su nombre, el Espíritu habla y actúa dentro; pide de nosotros una plena disponibilidad de respuesta. Nos disponemos, entonces, a escuchar y acoger la Palabra del Señor.

Por eso me gustaría comenzar esta conversación con ustedes en un clima de oración leyendo dos textos de la Sagrada Escritura: uno de la segunda Carta de San Pablo a los Corintios y otro tomado del Evangelio de San Lucas. Me parece que así puede precisarse mejor la identidad del laico como presencia de Cristo en el mundo, como constructor de la sociedad, testigo y profeta del Reino en medio de las ocupaciones cotidianas; y, al mismo tiempo, puede quedar reafirmada la misión del laico que continúa la misión evangelizadora de Jesús anunciando la alegre noticia del Reino, proclamando el Evangelio de la gracia y de la redención.

El primer texto, como dije, está tomado de la segunda Carta a los Corintios, en el capítulo 3, versículos 2 y 3:

> "Ustedes –dice San Pablo– son nuestra carta, una carta escrita en nuestro corazón, conocida y leída por todos los hombres. Evidentemente ustedes son una carta que Cristo escribió por ministerio nuestro, no con tinta sino con el Espíritu del Dios viviente; no en tablas de piedra, sino de carne, es decir, en los corazones".

San Pablo está escribiendo preferentemente a laicos, a toda la comunidad cristiana de Corinto. Una comunidad, al mismo tiempo, santa y necesitada de purificación, como toda la Iglesia. El Concilio dice que la Iglesia es santa y, al mismo tiempo, necesitada de conversión (LG 8). Pablo a esta comunidad le dice: "ustedes son una carta de Cristo". Me gusta referirme sobre todo al laico comprometido en el mundo con esta expresión: "ustedes son una carta de Cristo". Una carta de Cristo escrita por el ministerio apostólico. San Pablo dice: "ustedes mismos son nuestra carta", una carta escrita "por ministerio nuestro". La tarea del sacerdote es formar a Cristo en el corazón del laico, para que el laico haga presente a Cristo en la realidad temporal.

Toda la Iglesia está insertada en el mundo, toda la Iglesia es sacramento universal de salvación; pero de un modo muy particular a través del laico que, como dice muy bien el documento de Puebla, "es el hombre de Iglesia en el corazón del mundo y el hombre del mundo en el corazón de la Iglesia" (P 786).

San Pablo dice que el cristiano es una "carta de Cristo"; lo cual supone toda una serie de transformaciones en Cristo o una transformación cotidianamente nueva en la santidad. Cuando hablamos del laico como constructor de la sociedad, subrayamos ante todo un progresivo crecimiento del laico en Cristo, una maduración interior que se hace a través del dinamismo de la gracia por la acción fecunda de la fe, la esperanza y la caridad y a través de los sacramentos: "Carta de Cristo".

El mundo tiene derecho a reconocer a Cristo en la persona, en los gestos, en la palabra de cada laico. Tiene derecho, ciertamente, a reconocer a Jesús en cada uno de nosotros, cristianos –sea obispo, sacerdote, sea religiosa o laico–. Pero los que viven inmediatamente en la realidad temporal, en el ambiente de la familia, del trabajo, de la profesión, del deporte, de la sociedad en general, tienen que estar manifestando más concretamente a Cristo; el mundo tiene derecho a exigir esta transparencia del Señor.

Quedaría así un poco más delineada la identidad del laico que, como voy a describir más adelante, es miembro del pueblo de Dios, insertado en Cristo por el bautismo, y que realiza su vocación a la santidad en lo cotidiano de la historia.

El segundo texto, tomado del Evangelio de San Lucas, es el famoso texto de la misión del profeta. Jesús, el gran profeta, retoma las palabras de Isaías:

"Vino a Nazaret donde se había criado y,
según su costumbre, entró en la sinagoga el día

sábado y se levantó para hacer la lectura. Le entregaron el volumen del profeta Isaías y, desenrollándolo, halló el pasaje donde estaba escrito: El Espíritu del Señor está sobre mí, porque me ha ungido, me ha enviado a anunciar a los pobres la Buena Noticia, me ha enviado a proclamar la liberación a los cautivos y la vista a los ciegos, para dar la libertad a los oprimidos y proclamar un año de gracia del Señor". Enrollando el volumen, lo devolvió al ministro y se sentó. Todos los ojos estaban fijos en él. Comenzó, pues, a decirles: "Esta Escritura, que acabamos de oír, se ha cumplido hoy" (Lc 4,16-21).

Yo creo que esta apropiación de la misión del profeta que Jesús hace en la sinagoga de Nazaret, la podemos hoy retomar para cada uno de nosotros, cristianos, bautizados, incorporados al pueblo sacerdotal y profético de Cristo, enviados a anunciar al mundo de hoy la Buena Noticia del Reino y a llevar la liberación a los oprimidos.

Esto exige una unción profunda del Espíritu. "El Espíritu me ha ungido..." y "el Padre me ha enviado...". Cada uno tiene que sentir que es enviado por Cristo y que necesita ser cotidianamente movido por el Espíritu.

En este marco en el que descubrimos la identidad del laico como carta de Cristo y en el que comprendemos su misión de anunciar la alegre noticia del Reino de Jesús en medio del mundo, podemos hablar de los laicos como constructores de la sociedad.

Desearía, antes de entrar en el tema mismo, hacer tres observaciones previas:

- En primer lugar, o esencial del tema: no se trata de algo circunstancial, que es válido en determinado momento de la historia, cuando hay crisis en la sociedad y se llama particularmente al laico a crear nuevas estructuras, a transformar las existentes, a construir lo que Juan Pablo II, siguiendo a Pablo VI, llama "civilización de la verdad y del amor"; no se trata de algo circunstancial histórico. Se trata de algo esencial que arranca de la realidad misma del cristiano llamado esencialmente al apostolado, y su apostolado está dentro de las estructuras temporales.

  Pablo VI, en el número 70 de *Evangelii Nuntiandi*, con una frase, quizás atrevida –con ese atrevimiento realista de los profetas de Dios–, dice que la tarea "primera e inmediata" de los laicos "no es la institución y el desarrollo de la comunidad eclesial –esa es la función específica de los pastores–, sino el poner en práctica todas las posibilidades cristianas y evangélicas, escondidas pero a su vez ya presentes y activas en las cosas del mundo".

  El campo propio de su actividad evangelizadora es el mundo vasto y complejo de la política, de lo social, de la economía y, también, de la cultura.

- En segundo lugar, la urgencia histórica del tema: el laico está llamado a construir el Reino de Dios en la ciudad de los hombres. Pero hay momentos particularmente significativos que urgen la presencia del laico. Estamos se anuncia un siglo nuevo que tiene que ser construido muy particularmente por el compromiso cristiano, evangélico y evangelizador de los laicos.

Eso lleva a profundizar el tema de la identidad del laico, particularmente en su identidad secular, a comprometer a los laicos a que asuman su tarea como constructores de la sociedad. La coyuntura histórica de un país, en un momento particularmente difícil, puede hacer más urgente el compromiso concreto del laico.

• Y, en tercer lugar, una última observación previa es la unidad interior de este tema: el laico cristiano constructor de la sociedad. La construye como cristiano, es decir, a partir de Cristo, viviendo hondamente en Cristo y como miembro de la Iglesia, siendo esencialmente Iglesia. Por eso, cuando hablo del laico insisto en tres dimensiones que hacen el ser del laico y que tienen que darse simultáneamente. El laico es un ser en Cristo, un ser en la Iglesia y un ser en el mundo. Las tres dimensiones tienen que darse juntas.

Ser en Cristo: es un bautizado, incorporado a Cristo, su vida es Cristo. Tiene que ir necesariamente creciendo en Cristo por el ejercicio de las virtudes teologales, por la recepción de los sacramentos, por el impulso del Espíritu en su interior. Tiene que ir creciendo en Cristo. Pero lo hará en la medida en que se compromete a realizar su tarea cotidiana en la familia, en la profesión, en el orden social, en lo político; es decir, totalmente inmerso en la realidad temporal, que es el ámbito propio del laico. Al mismo tiempo −incorporado a Cristo, inmerso en la realidad temporal− es Iglesia.

El laico no solo pertenece a la Iglesia, el laico es Iglesia; en comunión con los pastores, con los sacerdotes, con los religiosos y las religiosas, con todos los bautizados, el laico forma la Iglesia-comunión.

El sínodo del próximo año sobre la vocación y misión de los laicos será un gran sínodo, porque tiene como tema central la Iglesia. El verdadero tema del próximo sínodo no es, a mi juicio, el laico, sino que es otra vez la Iglesia y, en la comunión eclesial, la identidad, la vocación y misión del laico en la Iglesia y en el mundo.

Si nos quedamos en una descripción del laico como sector separado, como formando un compartimiento en la Iglesia junto a los religiosos, a los sacerdotes y a los obispos, no entenderemos nunca el ser profundo del laico que nace de la comunión misma eclesial.

Tres realidades: Cristo, Iglesia y mundo, que tienen que darse simultáneamente, vivencialmente, en el laico. Crecerá el laico como constructor de la sociedad en la medida en que crezca su comunión en la Iglesia y en la medida en que vaya creciendo en santidad inmerso en Cristo.

Entonces tendríamos una descripción, si no definición propia, del laico con estas palabras: el laico es el miembro del pueblo de Dios, insertado en Cristo por el bautismo, que realiza su vocación y misión en el ámbito de las realidades temporales. Supone una visión de la Iglesia que es, al mismo tiempo, sacramento del Cristo pascual, sacramento de unidad (por consiguiente, eclesiología de comunión) y sacramento universal de salvación (por consiguiente, eclesiología de misión).

El último sínodo, recogiendo toda la doctrina conciliar sobre la Iglesia, ha marcado fuertemente estas tres líneas: una eclesiología cristocéntrica, una eclesiología de comunión y una eclesiología de misión. Es muy importante concebir la figura del laico en el contexto de esta eclesiología.

En esta dimensión de una Iglesia presentada como cristocéntrica, como comunión y como misión, yo propongo estas tres líneas del laico.

- El laico como discípulo de Cristo.
- El laico como testigo y profeta desde el interior de la Iglesia-comunión.
- El laico como constructor de la sociedad de los hombres.

Pero, repito, las tres líneas se tienen que ir dando simultáneamente. Yo las distingo aquí, precisamente, para ir subrayando dimensiones esencialmente complementarias. No las separo, las distingo.

EL LAICO COMO DISCÍPULO DE CRISTO

"Te alabo, Padre, Señor del cielo y de la tierra,
por haber ocultado estas cosas a los sabios
y a los prudentes y haberlas revelado
a los pequeños" (Mt 11,25).

Es muy importante subrayar esta referencia del laico con respecto a Cristo. Sea la *Lumen Gentium*, sea el Decreto sobre el Apostolado de los Laicos, marcan esta relación esencial del laico con Cristo. El último sínodo, hablando de la Iglesia, empieza subrayando el cristocentrismo; o sea, una Iglesia que es, ante todo, misterio de Cristo. La Iglesia no tiene sentido sino a partir de Cristo. Van inseparablemente unidas estas dos afirmaciones que presentan a la Iglesia como misterio de Cristo y como pueblo de Dios. Se complementan, se enriquecen, se exigen.

Hay que subrayar este aspecto del laico como discípulo de Cristo. ¿Qué significa? Es el laico como el creyente, como el orante, como el fiel. Tal vez habíamos desvalorizado un poco la palabra "fieles", como contraponiéndola a los "pastores". Fiel es el discípulo del Señor; discípulo del Señor es el obispo, el Papa, el sacerdote, la religiosa, todo bautizado.

La primera exigencia de un discípulo es escuchar, acoger al Señor, ponerse a la escucha del Señor. Laico es aquel que sigue a Cristo pero, porque lo escucha, lo acoge. Pienso en María, la humilde servidora del Señor, que acoge la palabra y sigue, desde el silencio, al Señor. Figura entre los discípulos del Señor: "mi madre y mis hermanos son los que escuchan la Palabra de Dios y la practican" (Lc 8,21). Es muy importante esta primera afirmación del laico como discípulo de Cristo; por consiguiente, el creyente; por consiguiente, el orante; por consiguiente, el fiel.

¿Qué exige esto para el laico como discípulo? Escuchar la Palabra, en primer lugar; escuchar la Palabra que nos es dicha a través de la Escritura Santa. Escucharla con un corazón silencioso, acogerla con un corazón pobre, entregarse a ella con un corazón disponible.

El laico es aquel que es discípulo y, por consiguiente, escucha y acoge la Palabra, la Palabra que no solo le es dicha por la Escritura Santa sino que también le viene a través de los acontecimientos de la historia. El cristiano que, inmerso en los acontecimientos de la historia, comprometido desde su fe con la realidad temporal, tiene que ir constantemente acogiendo al Señor que se le va manifestando en la realidad social y política en cada país. Sabe descubrir, escuchar y acoger al Señor en la realidad histórica, social y política, en la realidad cultural tal como se va dando en los distintos lugares, en los distintos espacios del mundo y de la historia.

Es también importante escuchar y acoger la Palabra a través de nuestros hermanos, a través de su exigencia, su lenguaje, su sufrimiento. Hay una palabra de Dios que nos es dicha desde los pobres, desde aquellos que sufren: que sufren la injusticia, la miseria, la opresión, la soledad, la enfermedad. Hay una palabra de Dios que nos es dicha desde cada persona en soledad, que no tiene cómo comunicarse, pero cuya existencia es una fuerte comunicación de Dios a los demás.

El laico es el discípulo; por consiguiente, este tiene que tener una gran capacidad contemplativa para escuchar y acoger la palabra que le es dicha —repito— en el sufrimiento y desde la existencia misma de seres necesitados y pobres. Dios nos habla desde allí.

¿Qué significa, además, el laico-discípulo? Es un hombre que es constantemente movido por el Espíritu de Dios. Nosotros nacemos en Cristo por el agua y por el Espíritu Santo (cfr. Jn 3,5). Pensamos a veces que "la vida según el Espíritu" es algo específico y propio de las almas consagradas, de los religiosos. No, es una realidad esencial en cada uno de los cristianos, en cada uno de los laicos.

Cada bautizado tiene que ser constantemente animado, movido, conducido por el Espíritu de Dios. Es el Espíritu de Dios el que nos interioriza en la verdad completa. Por consiguiente, el que nos lleva a penetrar profundamente en la verdad que es Cristo, en la verdad de la Iglesia y en la verdad del hombre. Juan Pablo II nos habla, al comenzar la Conferencia de Puebla, de esta triple verdad: sobre Cristo, sobre la Iglesia, sobre el hombre.

Queridos amigos, si queremos ser constructores de la ciudad temporal, tenemos que ser hombres que saben penetrar, por el Espíritu, en la verdad completa. No se puede construir una sociedad si no es partiendo de una interiorización contemplativa de Cristo, de la Iglesia y de la realidad sufriente de los hombres. Queremos construir la civilización del amor, pero tenemos que penetrar en la verdadera realidad causal del sufrimiento de los hombres. Es el Espíritu de Dios, el Espíritu Santo, el que nos conduce y nos hace descubrir, vivir y asumir plenamente la verdad.

En la verdad seremos liberados (cfr. Jn 8,31). Y la misma libertad interior nos ayudará a seguir deseando y buscando la verdad completa. Me parece que aquí está, a veces, la falla de muchos cristianos —incluso sacerdotes y religiosos— que parcializan la verdad; o hacemos una verdad desencarnada y nos contentamos con estudiar el misterio de Cristo sin penetrarlo sabrosamente en toda su integridad, o bien parcializamos la verdad reduciéndola a una mirada superficial del hecho histórico, sin tratar de profundizarlo en su raíz y de interpretarlo desde la fe, desde Cristo mismo que es la realidad suprema de la historia. "El misterio del hombre solo se esclarece en el misterio del Verbo Encarnado" (GS 22).

El laico-discípulo es un hombre que se deja llevar por el Espíritu. Por eso me gusta que en el documento de trabajo que han preparado para el Encuentro Nacional de Punta de Tralca, hayan insistido mucho en esta acción del Espíritu que, repito, nos introduce en la verdad completa. Pero no solo nos introduce en la verdad, sino que es el Espíritu el que nos da el coraje, la fortaleza y la esperanza.

Un laico constructor de la sociedad tiene que ser un hombre fuerte, lleno de coraje evangélico y esperanza, y esto nos lo da el Espíritu Santo. Nos hacen falta, sobre todo en momentos difíciles, cristianos muy serenos, fuertes, comprometidos con la historia y, al mismo tiempo, muy comprometidos con Cristo desde el corazón de la Iglesia. Nos hace falta, para eso, el Espíritu de fortaleza.

Finalmente, el Espíritu Santo es el espíritu de la comunión, de la reconciliación, de la unidad y de la paz. El Espíritu Santo nos hace falta para construir una sociedad nueva en base a la verdad, a la justicia, al amor. Solo así tendremos una sociedad inquebrantablemente unida en la paz.

Laico-discípulo significa también un "hombre pascual", es decir, un hombre que –porque vive a Cristo, porque ha revestido plenamente a Cristo– sabe sufrir el dolor de los hombres, compadecerlo, compartirlo; pero, al mismo tiempo, sabe irradiar la profundidad pascual de su alegría: una alegría que no es superficial o transitoria, que no nace de las cosas porque van bien; es una alegría esencial que tiene sus raíces en la profundidad de la oración y en la fecundidad de la cruz.

Hombre pascual, el laico es un hombre de oración, de cruz, que vive e irradia cotidianamente las bienaventuranzas evangélicas. Por consiguiente, es un hombre –como fiel discípulo de Jesús y como creyente– de corazón pobre que tiene hambre y sed de justicia, que es fuerte y manso, que tiene un corazón misericordioso y limpio, que se compromete a construir activamente la paz y que sabe sufrir persecución por la justicia.

Sería bueno profundizar este tema: el laico, como discípulo, realizador en el mundo de las bienaventuranzas evangélicas.

EL LAICO COMO TESTIGO Y PROFETA

"Recibirán la fuerza del Espíritu Santo que descenderá sobre ustedes y serán mis testigos" (Hch 1,8).
"La sabiduría entra en las almas santas, para hacer de ellas amigos de Dios y profetas" (Sab 7,27).

Es la dimensión del laico desde el interior de la Iglesia-comunión. El laico tiene una tarea que realizar en el interior de la comunidad eclesial. Le corresponde hacerla crecer con el aporte de su fe vivida y traducida en obras, de su esperanza firme e inquebrantable, de su amor con fatiga, como dice el apóstol Pablo a los tesalonicenses (cfr. 1 Tes 1,3). Es un hombre que hace crecer a la comunidad eclesial desde la realización de su propia santidad en el mundo específico de lo laico, llamado a la santidad en la familia, en el trabajo, en el compromiso político. Un hombre que trata de crecer constantemente en Dios y así hacer crecer a la comunidad eclesial. Es un hombre que irradia su fe en el interior de su comunidad eclesial que es una comunidad litúrgica, fraterna, que sirve en la diaconía de la caridad.

Pero cuando hablamos del laico profeta y testigo en el interior de la comunidad eclesial, queremos indicar otra cosa, y es que tiene que ser profeta desde la comunión eclesial. Hoy es fácil multiplicar la palabra "profeta". Para los hombres es fácil autotitularse profetas. Pero un profeta no se improvisa, sino que nace siempre desde el seno de una comunión eclesial; y el profeta dice cosas que, aunque provoquen momentáneamente tensiones y rupturas, tienden a crear la unidad. El profeta es una persona que grita desde el interior de una comunidad y llama necesariamente a la reconciliación, a la verdad, al amor...

Profeta, hombre de amor y de esperanza. Testigos de la resurrección del Señor desde la comunión eclesial. Todo esto supone vivir la comunión eclesial en unión estrechísima con los pastores, cada uno viviendo su identidad específica, en comunión con los religiosos y religiosas, con los restantes miembros del pueblo de Dios. Repito, desde la fidelidad a la propia e irrenunciable vocación y misión secular.

El laico profeta y testigo. Se podrían decir muchas cosas sobre el laico profeta y testigo en la Iglesia. Quiero simplemente indicar cómo hay determinados canales u órganos de esta comunión: los consejos nacionales o diocesanos de laicos, pero sobre todo los consejos pastorales parroquiales y diocesanos que tienen una clara exigencia de participación y comunión para los laicos. El laico tiene que estar presente allí no solo para ejecutar los planes pastorales, sino también para pensarlos y evaluarlos. El laico participa activamente en la edificación de la Iglesia. "También ustedes, a manera de piedras vivas, déjense edificar como una casa espiritual, para ejercer un sacerdocio santo y ofrecer sacrificios espirituales, agradables a Dios por Jesucristo" (1 Ped 2,5).

EL LAICO COMO CONSTRUCTOR DE LA CIUDAD TEMPORAL

"Lo que el alma es en el cuerpo,
esto han de ser los cristianos en el mundo"
(Carta a Diogneto, 6).

Repito que, aunque sean distintas, estas tres líneas se dan simultáneamente. Lo primero que quiero subrayar es que el único modo de evangelizar para los laicos es comprometerse cotidianamente a construir la sociedad. Y que la construcción de la sociedad no es únicamente tarea de algunos pocos, sino de todos los cristianos que viven en el mundo de la familia, del trabajo, de la profesión, y que tratan de vivir con hondura cristiana y en comunión plena de Iglesia, su vocación de santidad y de evangelización.

Evangelización íntimamente conectada con todo lo que es promoción humana, liberación plena y auténtica, de todo el hombre, en toda su dimensión, personal y social, temporal y eterna. Vivir como Cristo, anunciando la alegre noticia del Reino y llevando la libertad a los oprimidos. Es el mensaje del Evangelio que hemos leído al comienzo de nuestra charla.

Esta construcción de la sociedad exige la presencia cotidianamente nueva del laico en las realidades temporales como su campo específico. Con esto digo dos cosas: que la presencia del laico —nacido en Cristo por el bautismo— tiene que ser cotidianamente "recreada" por el Espíritu; y que el ámbito de su existencia y acción lo constituye el mundo de las realidades temporales. Ese es su espacio de santidad y de apostolado.

El laico está insertado en el mundo no por resignación o negligencia de una vocación más alta (porque no tiene fuerzas o talento para ser sacerdote o religioso, por ejemplo). Está ahí porque Dios lo ha predestinado desde toda la eternidad a ser laico, a vivir su vocación divina dentro de las estructuras temporales (la familia, el trabajo, la cultura, los medios de comunicación social, la realidad social, la política, el orden internacional).

Creo que después del Concilio se ha ahondado bastante en la conciencia del laico como constructor de la comunidad eclesial, pero tal vez no se haya ahondado tanto en la dimensión secular, es decir: el laico comprometido a construir la sociedad desde una presencia evangélica y evangelizadora en el orden de las realidades temporales.

La gran esperanza para el próximo sínodo es esta: que se ahonde en la dimensión secular del laico. Tal vez haya sido más fácil para el laico quedarse exclusivamente en el orden de las realidades intraeclesiales. Tal vez se haya animado a los laicos a participar en la liturgia y en la catequesis y todo esto está bien: hay que seguir haciéndolo y hay que ahondar en el misterio de Dios en la liturgia y en la proclamación de la Buena Nueva, en la catequesis; pero hace falta comprometer más a los laicos en el orden de las realidades temporales, en el ordenamiento social, en el mundo de la política.

Finalmente, hablando de esta dimensión o de esta línea del laico como constructor de la sociedad, me parece que no se puede dejar de tocar lo que el Sínodo Extraordinario llamó "la teología de la cruz". Quizás a algunos les asuste y a otros los desoriente; pareciera que esta teología de la cruz tendría que haber sido proclamada al comienzo, cuando se habló del cristiano, del laico como discípulo del Señor. Ciertamente allí tiene también su lugar esencial: somos discípulos del crucificado. "El que quiera venir detrás de mí, que renuncie a sí mismo, que cargue con su cruz cada día y me siga" (Lc 9,23).

No se puede ser discípulo del Señor, por consiguiente, cristiano laico verdadero, si no es desde la cruz, desde la hondura del Misterio Pascual de Jesús. Pero la teología de la cruz se inserta también esencialmente en la relación Iglesia-mundo. Cristo reconcilia al mundo con el Padre por medio de la cruz.

La teología de la cruz supone que el cristiano laico se abra a la cruz del hombre en la historia; que tenga capacidad contemplativa para descubrir cómo el Señor va completando su pasión mientras dura la historia; cómo el dolor, el sufrimiento de los hombres, la cruz, tienen un sentido de esperanza pascual en la resurrección del Señor.

Hablar de la teología de la cruz es hablar de una teología de la esperanza, de la misión de la Iglesia, insertada plenamente en el mundo como "sacramento universal de salvación". Pero, entonces, esto nos lleva necesariamente a volver al primer punto: a ser otra vez aquí "el discípulo" que escucha y que acoge al Señor, que sigue peregrinando con el hombre que sufre y que espera. Se necesita una gran sabiduría y santidad para saber descubrir y acoger al maestro crucificado en la historia de los hombres.

Esta visión de la teología de la cruz nos lleva necesariamente a profundizar algunos nuevos signos de los tiempos. El último sínodo habló de ello. Ustedes recuerdan que el Concilio había hablado de "signos de los tiempos"; por ejemplo, los cambios rápidos, universales, acelerados (cfr. GS 4). Hoy hay signos nuevos de los tiempos: la pobreza, la violencia, las torturas, el terrorismo, la injusticia, la opresión, son signos de los tiempos.

Hacen faltan laicos fieles al Señor, orantes y contemplativos, que desde la profundidad de la fe y de la contemplación puedan descubrir estos signos nuevos de los tiempos y sepan ver por dónde pasa el Señor: para escucharlo, acogerlo y construir con él la nueva civilización del amor.

Pido al Señor que envíe su Espíritu abundantemente sobre la Iglesia para que suscite laicos generosos y ardientes que sean simultáneamente fieles discípulos de Cristo (por consiguiente, lo escuchen y lo acojan); que sean, al mismo tiempo, ardientes testigos y profetas desde la comunión eclesial y que estén generosamente comprometidos, sin miedo, a construir una sociedad nueva, una civilización de la verdad y el amor.

LA EUCARISTÍA EN LA ESPIRITUALIDAD LAICAL

"Ave verum corpus natum de Maria Virgine"

Quiero comenzar esta exposición –sencilla y pobre, más espiritual y pastoral que teológica– con un sincero acto de fe en la Eucaristía que confirme al mismo tiempo mi filial veneración a María Santísima, la virginal Madre de Jesús y Madre nuestra amadísima. La religiosidad popular, *sustrato católico* de nuestra cultura latinoamericana, ha unido siempre estas tres devociones: el Santísimo Sacramento (el Corpus), la pasión de Jesús y María Santísima. En este clima de fe, que quiere ser fidelidad y compromiso, yo quiero presentar algunas reflexiones muy simples sobre el tema que me ha sido asignado: "La Eucaristía en la espiritualidad laical".

Cuando hablamos de espiritualidad laical, entendemos sencillamente decir cómo vive el cristiano laico su "vida según el Espíritu" –su fidelidad cotidiana al Evangelio– en lo concreto de su existencia diaria: en su familia, en su trabajo, en su profesión, en el ámbito de las realidades temporales (orden social y político, ámbito de la educación y de la cultura, medios de comunicación, etc.). Dicho de otro modo, cómo va creciendo cotidianamente en Cristo y cómo va haciendo su camino de santidad, mientras asume el sufrimiento de los hombres y se compromete a cambiar la historia.

Es siempre una espiritualidad de encarnación cuyo principio generador es el Espíritu Santo, cuyo medio vital es Cristo, cuyo ámbito de crecimiento es la Iglesia y cuyo término es la santidad personal y la transformación del mundo para la gloria del Padre.

Por eso, una espiritualidad laical es esencialmente una espiritualidad "cristiana, eclesial y secular". El último sínodo sobre los laicos, partiendo de su identidad fundamental como cristianos, por el bautismo, ha insistido mucho en la vocación universal a la santidad y, por consiguiente, en la urgencia de la formación y de la espiritualidad. Cuando hablamos de una espiritualidad para los laicos, queremos subrayar estos aspectos:

- Espiritualidad "cristiana": centrada en Cristo. Se trata de vivir en Cristo, imitar a Cristo, seguir a Cristo. Por Cristo al Padre en el Espíritu Santo. El bautismo nos ha incorporado a todos en el Misterio Pascual de Cristo ("sepultados en su muerte, partícipes de su resurrección", cfr. Rom 6), nos ha hecho "revestir a Cristo" (cfr. Gal 3,27). De tal modo que ya no somos nosotros quienes vivimos, sino Cristo quien vive en nosotros. La Eucaristía nos transforma en aquello que comemos, dice san Agustín; es decir, en Cristo (es el fuerte el que asimila al débil). Toda espiritualidad cristiana está centrada en el Misterio Pascual de Jesús que celebramos en la Eucaristía: anunciamos la muerte del Señor, proclamamos su resurrección, esperamos su venida.

- Espiritualidad "eclesial": el bautismo nos hace a todos miembros del único pueblo de Dios, sacerdotal, real y profético. El corazón de la Iglesia es la Eucaristía: la Iglesia celebra la Eucaristía; la Eucaristía hace (edifica) la Iglesia. La espiritualidad del laico se nutre de las dos fuentes de la Iglesia: el pan de la Palabra y el pan de la Eucaristía.

El itinerario de santidad del laico es –como para todo cristiano– esencialmente sacramental (la Eucaristía es el centro de la sacramentalidad de la Iglesia); pero, su situación secular lo pone al cristiano laico en exigencia de más profunda comunión eclesial. Vivir esencialmente en una "comunidad de hermanos" (comunidad eclesial y comunidad humana) es fundamental para el laico.

- Espiritualidad "secular" o "misionera", es decir, que echa sus raíces en lo cotidiano de la historia, donde el cristiano laico hace cotidianamente su experiencia de Dios en el silencio de su oración o en la dureza de su trabajo.

En Puebla, los obispos recomendaban "que el laico no huya de las realidades temporales para buscar a Dios, sino que persevere, presente y activo, en medio de ellas, y allí encuentre al Señor" (DP 797). Mejor que "secular" (que pareciera vaciar el sentido y contenido de "lo sacro"), llamémosla "espiritualidad de encarnación", con lo cual recuperamos la unidad (tantas veces quebrada u olvidada) entre Cristo y nuestra realidad cotidiana. Cuando la Palabra de Dios se hizo carne en el seno virginal de Nuestra Señora, plantó para siempre su morada entre nosotros.

Esta espiritualidad "secular" o "de encarnación" dice esencialmente relación a la Eucaristía: en cada Eucaristía celebramos la vida, la muerte y la resurrección de Jesús; en cada Eucaristía comemos el "verdadero cuerpo nacido de María Virgen".

A la luz de estas simples reflexiones preliminares yo quiero presentar tres puntos: animados por el Espíritu para dar testimonio del Resucitado; convocados por el Espíritu para celebrar la Asamblea Eucarística; y ungidos por el Espíritu y enviados por el Señor para anunciar a los pobres la Buena Nueva del Reino.

ANIMADOS POR EL ESPÍRITU PARA DAR TESTIMONIO DEL RESUCITADO

"Todos los que son guiados por el Espíritu de Dios son hijos de Dios. Pues no recibieron un espíritu de esclavos para recaer en el temor; antes bien recibieron un espíritu de hijos adoptivos que nos hace exclamar: ¡Abbá, Padre! El Espíritu mismo se une a nuestro espíritu para dar testimonio de que somos hijos de Dios" (Rom 8,14-16).

"Cuando venga el Paráclito que yo les enviaré junto al Padre, el Espíritu de la verdad, que procede del Padre, él dará testimonio de mí. Pero también ustedes darán testimonio, porque están conmigo desde el principio" (Jn 15,24-27).

Lo primero, cuando hablamos de espiritualidad laical, es subrayar la presencia y la acción del Espíritu Santo: es el Espíritu de la filiación adoptiva y del testimonio, de la libertad interior y de la fortaleza, de la verdad y de la oración, de la evangelización y del compromiso apostólico, del amor y la comunión, de la inserción en la comunidad eclesial y del compromiso en la construcción de una nueva sociedad.

Es el Espíritu de filiación adoptiva que nos engendró en Cristo por el bautismo, que incesantemente nos conduce como a hijos y que grita en nuestro interior: ¡Abbá, Padre! Es el Espíritu de la libertad interior que nos da la inquebrantable seguridad de que hemos pasado de las tinieblas a la luz, de la muerte a la vida, del pecado a la gracia, del temor al amor, de la angustia a la esperanza, de la tristeza a la alegría.

Es el mismo Espíritu el que formó en el seno virginal de María el cuerpo que comemos y la sangre que bebemos en la Eucaristía. El Espíritu que llevó a Jesús a la oblación de la cruz cuya memoria actualizamos en la Eucaristía. El Espíritu que condujo irresistiblemente a Cristo al desierto; el Espíritu que descendió sobre él en el Jordán porque daba inicio su misión evangelizadora ("el Espíritu está sobre mí, porque me ha ungido el Señor, me ha enviado a anunciar a los pobres la Buena Nueva...", etc.).

Es el Espíritu que descendió sobre la comunidad de los discípulos reunidos con María en el cenáculo y daba inicio a una Iglesia-comunidad fraterna, misionera, evangelizadora, centrada en la doctrina de los apóstoles, en la comunión, en la fracción del pan, en las oraciones (cfr. Hch 2,42 ss.).

Este Espíritu es el que hace ahora la Eucaristía. La liturgia nos hace rezar así: "Por eso, Señor, te suplicamos que santifiques por el mismo Espíritu estos dones que hemos separado para ti" (epíclesis). "Para que, fortalecidos con el cuerpo y sangre de tu Hijo y llenos de su Espíritu Santo, formemos en Cristo un solo cuerpo y un solo espíritu" (anámnesis).

Quisiera subrayar algunos aspectos de la actividad del Espíritu en la vida espiritual del laico, siempre en relación directa con la Eucaristía:

Espiritualidad de encarnación

El Misterio Pascual –que celebra la Eucaristía– no puede separarse del misterio de la encarnación, de la historia cotidiana de Jesús (su vida, sus gestos, su predicación, sus milagros), que alcanza su plenitud en la muerte y resurrección del Señor, su ascensión a los cielos y la efusión del Espíritu Santo en Pentecostés. El Espíritu Santo es el fruto primero de la Pascua. Cuando Jesús dice al instituir la Eucaristía: "hagan esto en memoria mía", se está refiriendo inmediatamente a su muerte y su resurrección, al Misterio Pascual que anticipa misteriosamente en la Eucaristía pero que cumplirá a partir de su muerte en la cruz. "Cada vez que comen este pan y beben esta copa, anuncian la muerte del Señor, hasta que venga" (1 Co 11,26).

Pero, al mismo tiempo, podemos ampliar nuestra contemplación a la totalidad del misterio de Jesús; en este sentido entendemos "hacer memoria de Jesús",

© narcea, s. a. de ediciones

no solo recordando su vida sino asimilando sus sentimientos. Así nos lo recomienda san Pablo en su famoso Himno Cristológico:

"Tengan entre ustedes los mismos sentimientos que Cristo, el cual se despojó de sí mismo tomando condición de siervo, haciéndose semejante a los hombres... y se humilló a sí mismo, obedeciendo hasta la muerte y muerte de cruz. Por lo cual Dios lo exaltó..." (Fil 2,5-11).

El misterio de la encarnación nos pone ante estas exigencias para una auténtica espiritualidad del laico:

- "La Palabra se hizo carne y puso su morada entre nosotros" (Jn 1,14). El Hijo de Dios se hace hombre (se hace carne) y asume todo lo del hombre, excepto el pecado. Asume su debilidad, su sufrimiento, su cansancio, su hambre, su tristeza, su miedo, su cruz y su muerte. Convive con los hombres, come con los pecadores, habla con los intelectuales, cura a los enfermos, anuncia a los pobres la alegre noticia del Reino. Es el Hijo de Dios y el Hijo del Hombre.

Una espiritualidad de encarnación es, necesariamente, una espiritualidad de presencia, de solidaridad, de anonadamiento.

El cristiano laico, por voluntad de Dios, vive la respuesta a su vocación a la comunión divina y su misión de llevar la humanidad a la comunión con Dios –vive su irresistible vocación a la santidad– en lo cotidiano de la historia: haciéndose solidariamente presente a toda situación humana, asumiendo la pobreza, el sufrimiento y la esperanza de los hombres (de cada hombre, de todo el hombre, de todos los hombres), comunicando a los hombres la gracia de la salvación integral, de la liberación plena y total en Cristo.

- "El pan que yo daré es mi carne para la vida del mundo". La espiritualidad laical es espiritualidad de pobreza, de desprendimiento, de solidaridad con los que sufren. Jesús, "siendo rico, se hizo pobre por nosotros a fin de enriquecernos con su pobreza". La Eucaristía es el último grado de pobreza y anonadamiento, empezado en la encarnación. La contemplación de la Eucaristía –la adoración ante el Santísimo– nos inspira y comunica sentimientos profundos de humildad y pequeñez, de desprendimiento y pobreza, de anonadamiento y servicio.

- Espiritualidad de donación: "Este es mi cuerpo que se da por ustedes; esta es mi sangre que es derramada por ustedes". La Eucaristía engendra en nosotros una total disponibilidad para la entrega, la donación total de nosotros mismos a los demás. Es la parábola del buen samaritano que da todo lo que tiene (su vino y aceite, su cabalgadura, su dinero... su tiempo). El Espíritu Santo –que es Espíritu de verdad y de amor– nos da una particular capacidad para descubrir "quién es nuestro prójimo" (cuáles son nuestros pobres) y cómo tenemos que darle todo: nuestra presencia, nuestra palabra, nuestro pan material y espiritual, nuestro tiempo, nuestra vida. "No hay amor más grande que dar la vida por los amigos".

Animados por el Espíritu

La vida cristiana es un progresivo crecimiento en Cristo, de comunión en comunión, desde el bautismo hasta la visión beatífica. El Espíritu nos anima en nuestro crecimiento interior por la fe, la esperanza, la caridad.

– *Es el Espíritu de la unidad interior:* lo necesita particularmente el cristiano laico para la coherencia cotidiana de su fe, para no diluir el "don de Dios" ni escapar de las exigencias de su trabajo o los compromisos de su profesión, opción social y política. Es la unidad irrompible de la encarnación y de la Eucaristía. Cada Eucaristía nos infunde nueva serenidad, fortaleza y equilibrio; cada Eucaristía es una comunicación del Espíritu de unidad.

– *Es el Espíritu de la verdad, de la oración, de la contemplación.* Una auténtica espiritualidad laical supone una gran capacidad contemplativa: para penetrar en la realidad que es Cristo, la Iglesia, el hombre. Capacidad para leer evangélicamente los nuevos signos de la historia. En momentos serenos y profundos de adoración eucarística, el Espíritu nos hará gustar la palabra y la presencia del Señor que nos irá descubriendo los caminos nuevos para la transformación del mundo.

Cada momento de adoración es para el cristiano laico, que vive constantemente la tensión de los nuevos desafíos de la historia, un momento de recuperación de fuerzas, de equilibrio en la unidad interior, de iluminación evangélica para el compromiso con los pobres, de penetración más honda, desde la sabiduría del Espíritu, en el sentido de solidaridad y fraternidad.

– *Es el Espíritu del amor, de la comunión, de la fraternidad evangélica, del servicio.* Nos hace penetrar en la Eucaristía como "sacramento de piedad, signo de unidad, vínculo de caridad" (cfr. san Agustín). Nos lleva –desde la experiencia profunda del amor de Dios en la Eucaristía– a vivir estos tres momentos de la caridad evangélica, corazón y centro de nuestra vida espiritual:

• Experiencia gustosa del amor del Padre que "tanto amó al mundo que le dio a su Hijo". Esta experiencia de la paternidad divina, de su bondad y misericordia infinita, por un lado nos infunde confianza en su perdón; por otro, nos compromete a realizar la síntesis de la perfección ("sean perfectos como mi Padre celestial es perfecto") en el ejemplo de donación total y anonadamiento supremo de Jesús en la Eucaristía: "habiendo amado a los que estaban con él en el mundo, los amó hasta el fin". "Este es mi mandamiento: que se amen los unos a los otros como yo los he amado";

• Descubrir los modos concretos, los gestos cotidianos de amor y servicio a nuestros hermanos; descubrir, también, los compromisos audaces para trabajar evangélicamente en el cambio de las estructuras injustas, en una verdadera y profunda opción preferencial por los pobres, en una total liberación de los hombres y los pueblos.

- Celebrar en la asamblea eucarística la respuesta radical del hombre en el amor al Padre y la vuelta a Dios de la creación entera y de toda la humanidad redimida en esperanza (simbolizada en el pan y en el vino, frutos de la tierra y del trabajo del hombre). Celebrar la comunión eclesial en la Trinidad y comprometerse a transformar la humanidad en el único pueblo de Dios, cuerpo de Cristo y templo del Espíritu Santo (cfr. LG 17).

CONVOCADOS POR EL ESPÍRITU PARA CELEBRAR EN LA EUCARISTÍA LA COMUNIÓN DE LOS HERMANOS

> "Acudían asiduamente a la enseñanza de los apóstoles, a la comunión, a la fracción del pan y a las oraciones" (Hch 2,42).
> "Porque aun siendo muchos, un solo pan y un solo cuerpo somos, pues todos participamos de un solo pan" (1 Co 10,17).

Es la primera descripción de la comunidad primitiva. El principio de comunión es el Espíritu Santo comunicado abundantemente en Pentecostés: "quedaron todos llenos del Espíritu Santo" (Hch 2,44).

- Cada Eucaristía es la celebración de la Nueva Alianza, no solo como simple "memoria histórica" sino como actualización de las palabras de Jesús: "Esta copa es la Nueva Alianza en mi sangre, que es derramada por ustedes" (Lc 22,20). Esta Nueva Alianza reafirma y cumple la fidelidad de Dios y compromete la nuestra: "Yo seré su Dios y ellos serán mi pueblo" (Jer 31,33). "Ustedes serán mi pueblo y yo seré su Dios" (Ez 36,28). San Pedro nos dirá: "ustedes son linaje elegido, sacerdocio real, nación santa, pueblo adquirido, para anunciar las alabanzas de aquel que los ha llamado de las tinieblas a su admirable luz; ustedes que en un tiempo no eran pueblo y que ahora son el pueblo de Dios" (1 Pd 2,9-10). Pueblo sacerdotal, real y profético, en el que nos insertamos por el bautismo y que nació de la Alianza Nueva por la sangre de la cruz.

Cada celebración de la Eucaristía es una reanudación y profundización de esta Alianza: cada vez Dios es más nuestro Dios (cercano, íntimo, Dios con nosotros) y cada vez nosotros somos más su pueblo: pueblo original y único, pueblo mesiánico, que "tiene por cabeza a Cristo...", por condición "la dignidad y la libertad de los hijos de Dios, en cuyos corazones habita el Espíritu Santo como en un templo", "por ley el nuevo mandato de amar como el mismo Cristo nos amó a nosotros", "como fin el dilatar más y más el Reino de Dios". "Este pueblo mesiánico... es, para todo el género humano, un germen segurísimo de unidad, de esperanza y de salvación. Cristo... lo instituyó para ser comunidad de vida, de caridad y de verdad" (cfr. LG 9).

Esta realidad de la Iglesia como pueblo de Dios —tan central en el Concilio— ha vuelto a ser en el último sínodo sobre los laicos un tema esencial. Con tres insistencias particulares:

- Igual dignidad de hijos de Dios, lo fundamental es el "ser cristiano" por el bautismo.
- Igual vocación a la santidad; el último sínodo ha rescatado para toda la Iglesia, pero a partir de la vocación de los fieles laicos, el capítulo V de la *Lumen Gentium*.
- Igual participación en la misión evangelizadora de la Iglesia; sea en lo que se refiere a la comunión eclesial, sea en lo que se refiere a la sociedad civil. Dicho de otra manera más justa: participación en la globalidad unitaria de la misión evangelizadora de la Iglesia; desde el interior de la comunión eclesial hacia la construcción de la sociedad humana.

Aquí entra una particular fecundidad de la idea de Alianza, celebrada en la Eucaristía, que quisiera señalar.

Es el crecimiento de la comunión fecunda y gozosa del cristiano laico con la Trinidad, mediante el cuerpo y la sangre de Cristo:

> "Permanezcan en mí, como yo en ustedes... El que permanece en mí y yo en él, ese da mucho fruto... La gloria de mi Padre está en que den mucho fruto, y sean mis discípulos" (cfr. Jn 15,4-8).

> "Yo en ellos, Padre, y tú en mí, para que sean perfectamente uno" (Jn 17,23).

Es el crecimiento de la comunidad cristiana como una verdadera "fraternidad evangélica". Cada Eucaristía hace crecer y madurar la comunidad de los discípulos en la sinceridad del amor y la alegría del servicio. Es una comunidad que no solo comparte el pan de la Palabra y de la Eucaristía, sino el pan material de la mesa familiar y el pan de una alegría o de un sufrimiento fraternalmente asumidos, el pan de la amistad y del amor, de la cruz y de la esperanza, de la fe y de la entrega:

> "La multitud de los creyentes no tenía sino un solo corazón y una sola alma. Nadie llamaba suyos a sus bienes, sino que todo era en común entre ellos... No había entre ellos ningún necesitado..." porque todo "lo ponían a los pies de los apóstoles, y se repartía a cada uno según su necesidad" (Hch 4,32-35).

Es el crecimiento de la esencial dimensión misionera y evangelizadora de la comunidad cristiana, profundamente insertada en el mundo para formar en Cristo la nueva humanidad, la fraternidad universal de todos los hombres llamados a la libertad y a la comunión con Dios. Alimentados por los sacramentos pascuales –nos recuerda con frecuencia la liturgia en este tiempo–, somos "testigos de una humanidad nueva pacificada por el amor del Padre".

Entra aquí el tema de la reconciliación, de la solidaridad y de la paz. La Alianza Nueva que celebramos en la Eucaristía –la participación activa en la celebración eucarística, esencialmente asamblea de hermanos– compromete al laico a ser particularmente "constructor de paz" en un mundo cada vez más marcado por el odio y la violencia, la guerra y el terrorismo, la destrucción y la cultura de la muerte.

La idea de Alianza está en el centro de una eclesiología de comunión misionera

La Eucaristía es el corazón de la comunión eclesial. Comunión eclesial que supone tres cosas: comunión de hermanos, comunión de discípulos y comunión personas comprometidas.

Comunión de hermanos, presididos por el Señor resucitado y animados por el Espíritu Santo que nos hace gustar el amor del Padre y la alegría de la permanente habitación de la Trinidad en nuestra alma: "Si alguno me ama, guardará mi Palabra, y mi Padre lo amará, y vendremos a él, y haremos morada en él" (Jn 14,23). Recordemos el misterio de la encarnación: "Y la Palabra se hizo carne y puso su morada entre nosotros" (Jn 1,14). La Eucaristía nos da la seguridad de la permanencia de Jesús entre nosotros ("Yo estaré con ustedes todos los días hasta el fin del mundo", Mt 28,20); pero también ahonda la presencia de la Trinidad en nuestra alma y nos hace gustar anticipadamente el gozo de la comunión definitiva con la Trinidad.

Comunión de discípulos, de testigos, de servidores. La Eucaristía nos hace un solo cuerpo, porque participamos del mismo pan (cfr. 1 Co 10), como nos hizo esencialmente un solo cuerpo el bautismo porque "todos hemos bebido de un solo Espíritu" para formar un solo cuerpo. Vale la pena releer el texto completo de san Pablo: "Porque en un solo Espíritu hemos sido todos bautizados, para no formar más que un cuerpo, judíos y griegos, esclavos y libres. Y todos hemos bebido de un solo Espíritu" (1 Co 12,13).

Esto nos lleva a pensar en la urgencia de la unidad en la Iglesia –presidida por los pastores–, en la cooperación de todos los miembros en la comunión eclesial, de todos los grupos, asociaciones y movimientos.

No hay más que un solo Cristo. Nadie puede en la Iglesia arrogarse una exclusiva inspiración divina, una posesión de la verdad absoluta, una experiencia única de santidad y apostolado. Recordemos lo de san Pablo: "me refiero a que cada uno de ustedes dice: «yo soy de Pablo», «yo de Apolo», «yo de Cristo». ¿Está dividido Cristo? ¿Acaso fue Pablo crucificado por ustedes? ¿O han sido bautizados en el nombre de Pablo?" (1 Co 1,12-13). Haría falta releer y meditar las palabras de Pablo a la comunidad dividida, fragmentada, de Corinto. "¿Qué es, pues, Apolo? ¿Qué es Pablo?... Servidores, por medio de los cuales han creído, y cada uno según lo que el Señor les dio" (1 Co 3,5).

La Eucaristía nos pone a todos, humildemente, a la escucha de la Palabra de Dios y nos hace servidores fieles del Señor y de una humanidad que sufre y espera. Espera la presencia liberadora de Jesús –imagen del Padre– y no la nuestra, ni nuestras propuestas o exigencias. La única y esencial hambre del mundo –principalmente entre los jóvenes– es esta: "queremos ver a Jesús" (Jn 12,20).

La Eucaristía tiende a formar una Iglesia-comunión de hermanos que se hace creíble por la pobreza, el amor y la esperanza.

Comunión de hombres y mujeres, comprometidos desde Cristo, a dar la vida por la salvación del mundo. Es decir, hombres y mujeres que están dispuestos a realizar el gesto de Jesús en la última cena: "este es mi cuerpo que es entregado, esta es mi sangre que es derramada". La Eucaristía hace necesaria-

 © narcea, s. a. de ediciones

mente "cristianos pascuales", es decir: hombres y mujeres que viven cotidianamente su vida como don, asumen con coraje el sufrimiento de los hombres y comunican al mundo la seguridad de la resurrección, de la vida, de la esperanza.

La Alianza con Dios y con los hombres
nos lleva necesariamente a subrayar un punto
de encuentro y de comunión: la adoración

Jesús, aun terminada la asamblea de hermanos que hizo memoria de su muerte y resurrección, queda siempre con nosotros; como hermano, como maestro, como amigo. En los momentos más agitados de la jornada, encontramos en la adoración del Santísimo la serenidad, la fuerza, la sabiduría.

Un momento de silencio y adoración frente al Santísimo es un momento de equilibrio, de escucha, de entrega, de compromiso. "Creo, Señor, pero aumenta mi fe". Esa fe que se hace fidelidad y compromiso, penetración más honda en el misterio de Jesús y generosidad de servicio a los más necesitados.

La adoración es un momento fuerte en que experimentamos el amor de Dios, gustamos la serenidad y la alegría de su presencia (el "Emmanuel" siempre con nosotros) y comprometemos nuestra presencia, nuestra palabra y nuestra vida "para la vida del mundo". Hay momentos en que la vida se nos hace avara ("no tenemos tiempo para el silencio, la adoración, la contemplación"), pero es entonces el momento fuerte y decisivo –"para la vida del mundo"– de dar nuestra oración, nuestro silencio, nuestra adoración.

Es entonces cuando nuestra vida se convierte de veras en "pan entregado y vino derramado" para la liberación de todos los hombres, para la construcción de una nueva sociedad: la civilización del amor.

UNGIDOS POR EL ESPÍRITU Y ENVIADOS POR EL SEÑOR PARA ANUNCIAR A LOS POBRES LA BUENA NUEVA DEL REINO

> "El Espíritu del Señor está sobre mí, porque
> me ha ungido para anunciar a los pobres
> la Buena Nueva, me ha enviado a proclamar
> la liberación a los cautivos y la vista a los ciegos,
> para dar la libertad a los oprimidos" (Lc 4,18).

La Eucaristía es "la cumbre a la cual tiende la actividad de la Iglesia y, al mismo tiempo, la fuente de donde mana toda su fuerza" (SC 10). Es el momento de hablar, partiendo de la Eucaristía, de la dimensión misionera de la Iglesia, de la "nueva evangelización", de la participación en ella de los cristianos laicos.

Quisiera unir estos tres textos de san Juan:

> "No me eligieron ustedes a mí, sino que yo
> los elegí a ustedes, y los he destinado para
> que vayan y den fruto, y que su fruto sea
> duradero" (Jn 15,16).

Es la elección gratuita y por amor de los discípulos y apóstoles. En toda vocación está primero el llamado del Señor; cada vocación es una respuesta hecha de disponibilidad y entrega radical, como en

María: "Yo soy la servidora del Señor; que se haga en mí según tu palabra" (Lc 1,38).

"El que permanece en mí y yo en él, ese
da mucho fruto; porque separados de mí,
no pueden hacer nada" (Jn 15, 5).

Es la magnífica imagen de la Iglesia como comunión dinámica y fecunda en Cristo. "Yo soy la vid verdadera" (Jn 15,1). A este texto se refiere el Decreto sobre el Apostolado de los Laicos cuando empieza a hablar de la "espiritualidad seglar": "Cristo, enviado por el Padre, es la fuente y origen de todo el apostolado de la Iglesia. Es, por ello, evidente que la fecundidad del apostolado seglar depende de la unión vital de los seglares con Cristo" (AA 4). "Como el Padre me amó, yo también los he amado a ustedes" (Jn 15,9). "Como el Padre me envió, yo también los envío a ustedes" (Jn 20,21). La fecundidad de nuestra misión depende de la intimidad de nuestra comunión con Cristo: "permanezcan en mi amor" (Jn 15,9); permanecemos en Cristo por el Espíritu Santo que nos ha sido dado (cfr. Rom 5,5).

"El que come mi carne y bebe mi sangre,
permanece en mí y yo en él" (Jn 6,56).

El modo más profundo de nuestra permanencia en Cristo es la Eucaristía. En síntesis: salir a proclamar la Buena Nueva a los pobres supone asimilar profundamente a Cristo, acoger su palabra, comer su carne, dejarse transformar plenamente por él.

Cuando unimos la Eucaristía a la misión y, en ella, a la "nueva evangelización", yo quiero señalar particularmente tres cosas.

La urgencia de una opción fundamental

La urgencia de una opción fundamental –más profunda y consciente– por Jesucristo, "el enviado del Padre". "Señor, ¿a quién iremos? Tú tienes palabras de vida eterna, y nosotros creemos y sabemos que tú eres el Santo de Dios" (Jn 6,68-69). La Eucaristía exige de nosotros un nuevo y fuerte acto de fe; es esencialmente el "misterio de la fe". Y, sin embargo, no es fácil comprender y aceptar lo humanamente increíble de la Eucaristía. Es la primera y fundamental crisis entre los discípulos de Jesús: "«Es duro este lenguaje. ¿Quién puede escucharlo?»... Desde entonces muchos de sus discípulos se volvieron atrás y ya no andaban con él" (Jn 6,60-66). Esta nueva opción por Jesucristo en la Eucaristía supone tres actitudes:

- *Pobreza, anonadamiento y cruz.* Es el modo único de ser discípulo de Jesús: "el que quiera ser mi discípulo, que se niegue a sí mismo, venda todo lo que tiene, asuma cotidianamente su cruz, y luego que me siga" (cfr. Lc 9,23; 14,27). Frente al gran misterio de la Eucaristía, son inútiles los razonamientos humanos; solo cabe la renuncia a "comprender" y dejarse atraer por la fe en el amor irresistible del Padre: "Nadie puede venir a mí, si el Padre que me ha enviado no lo atrae" (Jn 6, 44-65).

- *Oración, contemplación y adoración.* Es el único modo de penetrar, por el Espíritu, "en las profundidades de Dios" (cfr. 1 Co 2,10). Aprender a callar y hacer silencio interior (en el barullo y complicación de tantas "palabras humanas",

© narcea, s. a. de ediciones

perdemos la capacidad para escuchar y acoger "La Palabra que se hizo carne y puso su morada entre nosotros". Aprender a jerarquizar nuestras tareas y a organizar nuestras actividades a fin de saber "ganar el tiempo" en un momento fuerte y prolongado de adoración (hay el riesgo de perder el equilibrio interior, dejándonos aplastar por los problemas y las angustias por la inmediatez de las soluciones; hacen falta momentos de oración contemplativa para tomar altura, bajar a la profundidad de las causas y recobrar coraje y esperanza). Un momento de adoración nos pone en actitud de reconocimiento y gratitud: "Tú solo eres santo, tú solo el Señor, tú solo el altísimo, Jesucristo", y nos hace comprender que, si nos interesa el hombre y nos preocupa su situación de injusticia y de lesión de sus derechos humanos, es porque todo hombre es "imagen de Dios" y en él vive y nos espera Cristo.

Después de un momento fuerte de adoración, sentimos necesidad de acompañar a un hermano que sufre, de adorar a Jesús presente en el enfermo, en el hambriento, en el preso ("Cuanto hicieron a uno de estos hermanos míos más pequeños, a mí me lo hicieron" (Mt 25,40).

• *Confianza y abandono en "aquel para quien nada es imposible"*... Es más difícil creer en el misterio de la "transubstanciación" (cambio del pan en el cuerpo del Señor) que en la posibilidad de una "transhumanización" (cambio radical de una sociedad injusta y violenta en una humanidad nueva signada por el amor del Padre y la presencia del resucitado). "Todo es posible para el que cree". "Señor, tú lo sabes todo; tú sabes que te amo".

La urgencia de presentar al mundo
una verdadera comunidad cristiana

Una comunidad animada por el Espíritu del amor, de la comunión y del servicio: una comunidad "creíble" porque realiza en la historia –ante la incredulidad y sorpresa de los hombres– el esquema de la unidad trinitaria: "Como tú, Padre, en mí y yo en ti, que ellos también sean uno en nosotros, para que el mundo crea que tú me has enviado" (Jn 17,21).

No basta, para transformar el mundo, que haya apóstoles y testigos; hace falta toda una comunidad eclesial, presidida y alentada por los pastores, comprometida desde Jesucristo en una nueva evangelización para la construcción de una nueva sociedad. Hace falta una imagen renovada de la Iglesia más pobre, más unida, más comprometida:

- *Más pobre:* más sencilla y humilde, más desprendida de los bienes materiales y de los poderes temporales, más transparente a Jesucristo, más cercana de los pobres. Hemos hecho –en Medellín y Puebla– una clara y decidida "opción preferencial por los pobres", no exclusiva ni excluyente. La Iglesia se ha sentido más fuerte, más libre, más viva. Sentimos que la invade la fuerza del Espíritu.

- *Más unida:* a los pastores y al Pastor Supremo de la Iglesia, en la comunión fraterna y evangélica de todos los miembros del pueblo de Dios (clero, religiosos, laicos), en coordinación y colaboración de todos los grupos, movimientos y asociaciones (comunión de carismas: fidelidad a lo propio, pero plena inserción en la pastoral de la Iglesia local). La unidad de la Iglesia –mejor aún, la comunión eclesial– es exigencia y fruto de la Eucaristía.

- *Más comprometida*: más presente y servicial, más encarnada y misionera, más audaz y más cargada con la verdadera profecía del Espíritu. Una Iglesia profundamente contemplativa y unida que se pone comunitariamente a la escucha del Señor en los nuevos signos de los tiempos y se esfuerza por seguirlo, también comunitariamente, en el compromiso de una nueva evangelización para la construcción de una nueva sociedad.

La urgencia de presentar al mundo un mensaje de esperanza

Cristo muerto y resucitado. Es el mandato de Jesús y la expresión más inmediata de una celebración eucarística: "Cada vez que comen este pan y beben esta copa, anuncian la muerte del Señor, hasta que venga" (1 Co 11,26). La Eucaristía engendra y forma "cristianos pascuales", hace una "Iglesia pascual", siembra en la muerte semillas de resurrección. La Eucaristía es la más real y concreta celebración de la esperanza. Recordemos brevemente tres cosas.

El anuncio explícito de Jesucristo muerto y resucitado: "nosotros predicamos un Cristo crucificado, escándalo para los judíos, necedad para los gentiles; mas para los llamados, lo mismo judíos que griegos, un Cristo fuerza de Dios y sabiduría de Dios" (1 Co 1,22-24). Esto exige mucha oración, mucha contemplación, mucha experiencia del misterio de Cristo "para no desvirtuar la cruz de Cristo" (1 Co 1,17). Pablo se presenta a los corintios no "con el prestigio de la palabra o de la sabiduría" humana, sino con la locura y la fuerza de la cruz. "Me presenté ante ustedes débil, tímido y tembloroso. Y mi palabra y mi predicación no tuvieron nada de los persuasivos discursos de la sabiduría, sino que fueron una demostración del Espíritu y del poder" (1 Co 2,1-5). El Evangelio de Pablo es este: "que Cristo murió por nuestros pecados y que resucitó al tercer día, según las escrituras" (cfr. 1 Co 15,34). Pablo anuncia una muerte que desemboca en la resurrección, predica una cruz que desemboca en la esperanza. Es curioso observar −en la misma Primera Carta a los Corintios− esta coincidencia de la "transmisión" del anuncio de la Eucaristía y de la predicación de Cristo, muerto y resucitado:

> "Porque yo recibí del Señor lo que les
> he transmitido: que el Señor Jesús, la noche
> en que fue entregado, tomó pan..."
> (cfr. 1 Co 11,23).
> "Porque les transmití, en primer lugar, lo que a mi
> vez recibí: que Cristo murió..." (cfr. 1 Co 15,3-8).

La necesidad de predicar constantemente la esperanza y de formar a los cristianos laicos en una profunda "espiritualidad de esperanza". Sería todo el capítulo octavo de la Carta a los Romanos, escrita no para religiosos, sino para los "llamados de Jesucristo, a todos los amados de Dios... santos por vocación" (Rom 1,6-7). A todos los cristianos laicos de su tiempo, Pablo les propone "la vida en el Espíritu"; les habla, por eso:

- De la filiación adoptiva y la conducción por el Espíritu.
- De la libertad de la "ley del pecado y de la muerte" y de la liberación de toda la creación "para participar en la gloriosa libertad de los hijos de Dios".
- De los sufrimientos del tiempo presente.
- De la condición temporal y la tensión escatológica.
- De nuestra salvación en esperanza.
- De la oración filial en el Espíritu.
- Del plan de Dios para nuestra salvación.
- Del "amor de Dios manifestado en Cristo Jesús Señor nuestro" y del cual nada ni nadie podrá jamás separarnos.

La urgencia de acompañar a los jóvenes en su camino de esperanza y de incorporarlos activamente en la misión de la Iglesia y muy especialmente en esta nueva evangelización. Ellos constituyen ciertamente "la esperanza" de la Iglesia y de la sociedad que camina hacia el tercer milenio; serán indudablemente los principales responsables de la sociedad del 2000. Pero son ya ahora responsables activos y conscientes, quieren ya ahora ser "operadores de paz" y constructores de la civilización del amor; por eso manifiestan una providencial hambre y sed de Dios (necesidad de oración) y una particular sensibilidad por los problemas del hombre: sus derechos, sus sufrimientos, sus esperanzas; por eso, también, sienten necesidad de participar activamente en la edificación de la comunidad eclesial y en la construcción de la sociedad civil.

La Eucaristía les da coraje y energía, profundidad y equilibrio, sentido de fraternidad evangélica y compromiso con los hombres, experiencia del amor de Dios y necesidad de hacer de su vida una ofrenda radical y un don gozoso y total.

Celebrar la Eucaristía, para los jóvenes, es celebrar el amor de Dios en la fiesta del encuentro y el compromiso. Comer su cuerpo es sentir cómo sus vidas van siendo transformadas en Jesucristo. Adorar al Señor en la Eucaristía es experimentar la presencia de un maestro que les habla, de un hermano que los hace fuertes, de un amigo que va haciendo con ellos el camino del amor y la esperanza.

CONCLUSIÓN

Deseo terminar con algunas expresiones del evangelio relativas a la Eucaristía:

"Señor, danos siempre de ese pan" (Jn 6,34)

Es el hambre del mundo: hambre de pan material, de vivienda, de techo; hambre de libertad y de justicia, hambre de amor y de paz; hambre de la Palabra de Dios y de la Eucaristía. Crece esta hambre en nuestros cristianos laicos, comprometidos desde el corazón de la Iglesia a construir una nueva sociedad. Crece, sobre todo, en los jóvenes.

"Denles ustedes de comer" *(Lc 9,13)*

Es la respuesta de Jesús a sus discípulos cuando le presentaron las necesidades de la muchedumbre que lo seguía. Es, también, la indicación urgente que hace hoy Jesús a su Iglesia: "denles ustedes de comer":

- El pan de la Palabra en una nueva evangelización; Palabra acogida, contemplada y entregada con la pasión del Espíritu.
- El pan de la Eucaristía: "pan vivo bajado del cielo para la vida del mundo".
- El pan de la promoción humana integral y de una verdadera liberación evangélica.

"Danos hoy nuestro pan de cada día" *(Mt 6,11)*

- El pan sencillo de nuestra mesa familiar.
- El pan de la salud y del trabajo.
- El pan de una vivienda digna.
- El pan de la libertad y la justicia.
- El pan del amor y la amistad.
- El pan de la esperanza.
- El pan de la fe: "Señor, haz que yo vea".
- El pan de la Palabra y la Eucaristía.

"Lo conocieron en la fracción del pan" *(Lc 24,35)*

- Vivir en cada Eucaristía la experiencia profunda del amor del Padre y de su Hijo que nos amó hasta el final. Jesús es aquel "que me amó y se entregó a sí mismo por mí" (Gal 2,20).

– Hacer de nuestra vida en cada Eucaristía una ofrenda y un don: "cuerpo entregado" y "sangre derramada"; que nos reconozcan como cristianos porque "partimos el pan".

– Formar comunidades cristianas –unidas en la fidelidad "a la enseñanza de los apóstoles, a la comunión, a la fracción del pan y a las oraciones"– que sepan dar testimonio de la resurrección del Señor partiendo el pan por las casas y tomando el alimento con alegría y sencillez de corazón (cfr. Hch 2,42-47). Sería una comunidad creíble y verdadera, comunidad eucarística y misionera, comunidad de hombres y mujeres pascuales.

"Estaba la Madre de Jesús allí" *(Jn 2,1;19,25).*

Solo dos veces nos habla san Juan de María, a quien "desde aquella hora la acogió en su casa". Son dos momentos conectados por "la hora" de Jesús: la fiesta de Caná y el sacrificio de la cruz.

María está en el comienzo de toda Eucaristía –sacrificio, fiesta pascual de hermanos, presencia sacramental hasta el fin del mundo–. El cuerpo que comemos y la sangre que bebemos son el cuerpo y la sangre que el Espíritu Santo formó en María.

Ella está siempre en nuestra vida como la Madre del Resucitado, como la contemplativa y adorante, como la humilde servidora del Señor. María nos entregó el pan de la Eucaristía. En ella lo recibimos cotidianamente y de ella aprendemos a hacer de nuestra vida "un pan partido para la vida del mundo".

MISIÓN DEL LAICO CASADO EN LA IGLESIA Y EN EL MUNDO

"Apareció en el cielo un gran signo:
una mujer revestida de sol, con la luna bajo sus pies
y una corona de doce estrellas en su cabeza"
(Ap 12,1).

Así miramos hoy a María –"imagen y principio de la Iglesia"– como nos la presentaba la liturgia de la Asunción con la que el papa Juan Pablo II cerraba el Segundo Año Mariano de la historia. María, "signo y esperanza cierta y de consuelo" para el pueblo de Dios que peregrina (LG 68). Ese pueblo de Dios que ha sido providencialmente "visitado" por el Señor (cfr. Lc 7,16) en el último gran Sínodo de los Obispos sobre "la vocación y misión de los laicos en la Iglesia y en el mundo".

Año mariano, Sínodo sobre los Laicos, cuarenta años de los "Equipos de Nuestra Señora": todo nos coloca en un contexto de visitación, de alabanza al Señor, de gratitud y de fiesta, de camino y de esperanza. Contexto de "Magníficat" mientras renovamos nuestro *Fiat* ante la inminencia del tercer milenio de la encarnación del Señor.

Quisiera ubicar mi reflexión en un clima de serenidad interior y de oración contemplativa. Hablar a los Equipos de Nuestra Señora en una peregrinación a Lourdes, sobre la misión del laico casado, no es dar una conferencia sobre lo que ustedes ya conocen, sino aprovechar la oportunidad para rezar juntos:

- Desde el corazón contemplativo y misionero de la Virgen del Magníficat.
- Dejándonos invadir por el soplo renovador del Espíritu de Pentecostés.
- Abiertos al amor del Padre, a la escucha de la Palabra que se hizo carne en las entrañas virginales de María.
- En profunda comunión con una Iglesia comprometida en una "nueva evangelización".
- Atentos a los nuevos desafíos de una historia que se presenta dramática y esperanzada, a un mismo tiempo, y que exige la presencia de laicos fuertemente comprometidos con Cristo, en la Iglesia, para el mundo.

Quisiera, por eso, que el tema de "la misión del laico casado" lo pensáramos hoy a la luz de estos dos textos del evangelio:

- *"En aquellos días, María partió y fue sin demora a un pueblo de la montaña de Judá"* (Lc 1,39)

Se trata de una "misión" de María realizada con prontitud y en silencio. El misterio de la visitación, en el que se encuadra el Magníficat, nos presenta a María la contemplativa, la misionera, la fiel. "Feliz por haber dicho que sí" (cfr. Lc 1,45). En esta fidelidad de María se inspira y se apoya la fidelidad de los esposos hecha seguimiento cotidiano de Jesús en la oración y en la misión; hecha santidad conyugal y familiar, hecha donación fecunda a los hijos, hecha providencial presencia misionera de la Iglesia en el mundo. La Palabra que se hace carne en María, en la anunciación, se convierte en anuncio profético y misión salvadora en la visitación. Por eso María canta el Magníficat. La Palabra escuchada, acogida y compartida en el hogar, se hace enseguida comunicación silenciosa y misionera: para la misma familia, para la Iglesia, para el mundo.

- *"Como el Padre me envió, también yo los envío... Reciban el Espíritu Santo"* (Jn 20,21-22).

El envío de Jesús deriva del amor del Padre y es para la salvación del mundo. Supone la unción del Espíritu Santo. El Padre envía al Hijo; el Padre y el Hijo envían al Espíritu Santo. Toda la Iglesia es misionera; todo cristiano –también el monje y el ermitaño– es "enviado" por Cristo al mundo. Los Equipos de Nuestra Señora –movimiento primordialmente de espiritualidad– tienen una dimensión esencialmente misionera y evangelizadora; la que tienen, como todo cristiano, por el bautismo y la confirmación; pero, luego, la que es conferida, exigida y enriquecida específicamente por el sacramento del matrimonio.

Aquí beben la santidad y experimentan el gozo de la misión. El último sínodo ha insistido mucho en la presencia y misión de los laicos en la Iglesia y en el mundo; pero lo ha hecho a partir de la vocación del laico a la santidad y de las exigencias de una fuerte espiritualidad secular. Sin identificar la condición laical con la condición matrimonial, podemos evidentemente decir que la mayoría de los laicos viven y expresan su fe desde la experiencia decisiva del sacramento del matrimonio.

Cuando hablamos de "la misión del laico casado", subrayamos lo siguiente.

– Acoger como pareja el don del amor de Dios y comunicarlo a los demás; principalmente a los hijos, la familia entera, a otras familias.

– Vivir, como pareja, la pobreza evangélica que lleva a los esposos a la alegría de escucharse, de dialogar y de compartir el don del amor de Dios.

– Sentir juntos –y con toda la familia– el soplo del Espíritu Santo que los lleva a edificar la Iglesia comunión, alianza de amor, y a construir silenciosa y misioneramente una nueva civilización del amor.

EXPERIENCIA DEL AMOR DE DIOS

"Nosotros hemos conocido el amor que Dios nos tiene y hemos creído en él, porque Dios es amor" (1 Jn 4,16).

Amor de Dios: hecho alianza y fidelidad; hecho comunión y participación; hecho misericordia, alegría y esperanza.

Así lo canta Nuestra Señora en el Magníficat. Es esencial comenzar por aquí: el matrimonio cristiano expresa y realiza el misterio del amor de Dios al hombre. En la *Familiaris Consortio*, el Papa nos dice: "La familia recibe la *misión de custodiar, revelar y comunicar el amor,* como reflejo vivo y participación real del amor de Dios por la humanidad y del amor de Cristo Señor por la Iglesia, su esposa" (FC 17). De aquí la necesidad de vivir "como pareja" esta experiencia del amor de Dios (cercano e íntimo) en los momentos de alegría familiar (nacimiento de un hijo, promoción escolar, decisión vocacional) y en los momentos fuertes (de incertidumbre y de búsqueda, de dificultad en el diálogo, de enfermedad y de muerte, de diferentes dolores familiares).

Momentos de cruz. "El matrimonio cristiano es una Pascua", decía el papa Juan Pablo II a los Equipos de Nuestra Señora (23/9/82): la alianza matrimonial está amasada con sangre de una cruz pascual que necesariamente engendra la alegría.

Sobre esta experiencia del amor de Dios, anotemos algunos aspectos:

- Es la fuente de la alegría, de la responsabilidad en el crecimiento hacia la santidad, de la fidelidad mutua, de la fortaleza, del compromiso apostólico, de la esperanza teologal, de la acogida y animación de los hijos. "Nosotros hemos creído en el amor que Dios nos tiene". La vida cotidiana de la pareja tiene que ser un fruto y un signo de esa experiencia del amor de Dios; experiencia que crea una particular atmósfera de serenidad, de alegría y de esperanza en los esposos. Es el "Dios misericordioso... rico en amor y fidelidad" que se revela a Moisés como fundamento de la Alianza (cfr. Ex 34,6) y que canta María en el Magníficat.

- Esta experiencia del amor de Dios está en la base del testimonio apostólico de la pareja y, sobre todo, de la comunión e intercomunicación de las parejas en el Equipo. La vida de oración del Equipo –como la de la pareja en familia– se desarrolla esencialmente en esta experiencia del amor de Dios. "El Padre que está allí te escuchará" (cfr. Mt 6,6). El Magníficat de Nuestra Señora es un canto de alabanza y gratitud al amor del Dios salvador manifestado en Jesucristo, el Señor (cfr. Rom 8,39). El Magníficat comenzó a rezarlo María cuando el ángel de la encarnación la saludó diciendo: "Alégrate, la llena de gracia" (Lc 1,28), es decir, la privilegiada, la particularmente amada por el Señor, "el Señor está contigo".
  Esta experiencia del amor de Dios –fruto del Espíritu Santo que nos ha sido dado (cfr. Rom 5,5)– engendra en la pareja un espíritu contemplativo que no la distrae de la historia, sino que la capacita para un continuo descubrimiento del Señor en lo cotidiano y la hace vivir en el gozo de una constante sorpresa y alabanza.

- Esta experiencia del amor de Dios abre a la pareja a una acción discreta y eficaz frente a parejas en dificultad o sufrimiento, parejas desunidas o separadas y vueltas a casar. Es la extraordinaria misericordia del Padre, que canta María en el Magníficat y que explicita gráficamente san Lucas en la parábola del padre misericordioso (cfr. Lc 15). Inspira actitudes de coherencia en la fe, en plena fidelidad al Magisterio de la Iglesia y en sincera actitud de comprensión, acogida y acompañamiento evangélico.

- Finalmente, esta experiencia del amor de Dios pone a la pareja en dimensión esencialmente misionera. "Tanto amó Dios al mundo que *envió* a su Hijo al mundo para salvar el mundo" (cfr. Jn 3,16-17). Los Equipos de Nuestra Señora –primordialmente movimiento de espiritualidad– no se encierran en sí mismos ni se aíslan de la realidad. Desde la luminosidad de la fe y la profundidad de la contemplación, saben asumir los desafíos de la historia y se comprometen, desde su propia identidad y en comunión plena de Iglesia, a construir una nueva sociedad con valores evangélicos.

El laico casado –como todo laico– está "lanzado a las fronteras de la historia" (cfr. Juan Pablo II, Homilía de clausura del Sínodo, 1987): familia, educación, cultura, orden social, económico y político. Su lugar es el mundo: allí está llamado a santificarse, a evangelizar, a impregnar de espíritu cristiano las estructuras temporales. El sacramento del matrimonio –del cual los mismos esposos son los ministros, no solo durante la celebración litúrgica sino a lo largo de la vida– ahonda la gracia y la responsabilidad del bautismo.

DESDE LA POBREZA EVANGÉLICA

"Yo te bendigo, Padre, Señor del cielo
y de la tierra, porque has ocultado estas cosas
a sabios e inteligentes, y las has revelado
a los pequeños" (Lc 10,21).

Este texto, particularmente significativo en san Lucas, nos cuenta que Jesús "se llenó de gozo en el Espíritu Santo"; como es exclusivo de Lucas el Magníficat: "Mi espíritu se alegra en Dios mi Salvador, porque ha puesto sus ojos en la pequeñez de su servidora" (Lc 1,47-48). ¡María, la pobre! ¡Qué bien nos hace contemplar a María en su pobreza contemplativa y misionera!

Crecer espiritualmente en la fe, madurar en la santidad como pareja, anunciar como pareja el Evangelio de Dios, edificar la comunidad eclesial y construir el Reino de Dios en la ciudad de los hombres exige mucha pobreza evangélica: mucha humildad y pequeñez, mucha alegría del anonadamiento y la cruz, mucho amor a los pobres y alegría de hacer con ellos un camino de resurrección y de esperanza.

El Magníficat es la oración de los pobres. Solo los pobres pueden rezar bien. Solo los pobres son verdaderamente contemplativos. Solo los pobres tienen el coraje de arriesgarlo todo para servir generosamente a sus hermanos. También aquí anotemos algunos aspectos sobre las exigencias y frutos de esta pobreza evangélica. Recordando siempre las palabras de san Pablo sobre Jesús: "Siendo rico, se hizo pobre por nosotros, a fin de enriquecernos con su pobreza" (cfr. 2 Co 8,9).

• Lo primero en el cristiano es ser "discípulo" de Jesús (el que escucha y acoge, el que sigue a Cristo en lo cotidiano). El discipulado de Cristo comienza por la pobreza: "Felices los pobres en el espíritu, porque de ellos es el Reino de los cielos" (Mt 5,3). "Ve, vende todo lo que tienes, dáselo a los pobres, y luego ven y sígueme" (Mc 10,21). "Te seguiré adonde quiera que vayas... El Hijo del Hombre no tiene dónde reclinar su cabeza" (cfr. Mt 8,19-20). La pobreza –que nos abre a Dios– está ligada al desprendimiento y a la libertad.

Seremos verdaderamente libres cuando lo dejemos todo, sobre todo cuando nos dejemos a nosotros mismos. Solo así podremos abrirnos a Dios y a los demás, escuchar y acoger a Dios y a nuestros hermanos. La pobreza es indispensable para experimentar el amor de Dios y para vivir mutuamente la sinceridad del amor.

El crecimiento en santidad de los esposos supone mucha capacidad de escucha y de acogida. "El deber de sentarse", "la necesidad de la pausa", el diálogo, la reflexión serena, el testimonio, suponen la capacidad contemplativa de los pobres. La pobreza que es humildad; la pobreza que es expresión de la caridad; la pobreza que es alegría, es oración, es camino de exaltación. "Exaltó a los humildes". Para discernir juntos, como pareja, el designio de Dios sobre la familia, la sociedad y la comunidad eclesial, hace falta ser pobres.

La seguridad personal imposibilita el diálogo sereno y la oración compartida. Cierra los ojos y tapa los oídos. También aquí se cumple lo del Magníficat: "Colmó de bienes a los hambrientos y despidió a los ricos con las manos vacías".

• La misión evangelizadora de Jesús se realiza preferencialmente entre los pobres: "Me envió a anunciar a los pobres la Buena Noticia" (Lc 4,16). Es el signo de la presencia del Mesías esperado: "la Buena Noticia es anunciada a los pobres" (Lc 7,22).

La pobreza evangélica engendra en los esposos una particular capacidad contemplativa para descubrir dónde están hoy los verdaderos pobres, y les comunica una particular fortaleza para asumir, como pareja, sus problemas y caminar con ellos en espíritu de verdadera comunión y solidaridad evangélica. La preocupación por los pobres –serena, gozosa, evangélica– forma parte de la misión esencial de la Iglesia; por consiguiente, de todo cristiano laico.

La hondura y autenticidad de la vida espiritual se expresará en la apertura evangelizadora al mundo y en el compromiso evangélico con los más pobres. Pero, ¿cuáles pobres y cómo? Esto lo da la pobreza personal y el discernimiento en el Espíritu; pero no olvidemos, hablando de matrimonios, que hay una pobreza dolorosa y específica en las familias en dificultades: material, moral, espiritual. Deberán ser los privilegiados y particularmente atendidos en una verdadera y concreta opción por los pobres por parte de las parejas y familias cristianas. Es un modo de expresar y comunicar a los demás la profunda experiencia del amor de Dios.

• La pobreza va unida a la contemplación y a la esperanza. María, la pobre, la contemplativa, canta la fidelidad de Dios a su promesa. El Magníficat es un canto de esperanza. San Pablo escribe a los romanos: "sean alegres en la esperanza, fuertes en la tribulación, perseverantes en la oración" (Rom 12,12). Es evidente que la serenidad, la alegría y la esperanza son modos de vivir y de expresar el amor de Dios que funda la pareja y acompaña, con la gracia del sacramento, la vida y el compromiso de la familia. Y es evidente, también, que algunos de los fenómenos más preocupantes de nuestro tiempo (tan lleno de conquistas y realizaciones técnicas) son el nerviosismo, la tristeza y la depresión en que viven muchas personas y numerosas familias. ¿No sería esta, también, una de las preocupaciones apostólicas de la familia cristiana: ser testimonio explícito y sereno de la resurrección de Jesús, del amor misericordioso del Padre y de "la alegría en el Espíritu Santo"? (cfr. Lc 10,21). ¿No sería esta –la de sembrar alegría y esperanza, como fruto de una intensa y fecunda vida de fe– parte de la misión de los esposos cristianos?

Sembrar esperanza no significa desconocer o negar la dificultad, sino asumirla para superarla. Por eso la esperanza es virtud de los fuertes y para los momentos difíciles. En la audiencia del 22 de septiembre de 1976, Pablo VI les decía a los Equipos de Nuestra Señora reunidos en Roma: "Innumerables hogares les estarán agradecidos por la ayuda que ustedes les proporcionan. Pues, en efecto, la mayoría de los esposos tienen hoy necesidad de ser ayudados. Son víctimas, en primer lugar, de la desconfianza y de la duda; lo son, además, del miedo y del desánimo y, por último, del abandono de los más nobles valores del matrimonio". ¡Cuánta esperanza hace falta –y cuánta fortaleza del Espíritu– para vivir en lo cotidiano del hogar la alegría, la fecundidad y la estabilidad del amor verdadero, contra la banalización y la degradación del amor en nuestra cultura moderna!

MISIONEROS ACTIVOS Y SILENCIOSOS DE LA IGLESIA EN EL CORAZÓN DEL MUNDO

*"No te pido que los saques del mundo, sino que los guardes del maligno...
Como tú me has enviado al mundo, yo también los he enviado al mundo" (cfr. Jn 17,15-18).*

Es la oración de Jesús por sus apóstoles en la última cena; pero es igualmente válida para todos sus discípulos, sobre todo los que viven por vocación divina en el mundo.

El último Sínodo de los Obispos insistió sobre la vocación de los laicos a la santidad y su misión en la Iglesia y en el mundo. Mejor aún: *en la Iglesia para el mundo.* Se trata de definir la especificidad del laico desde su inserción en Cristo por el bautismo y su peculiar "índole secular", es decir, desde su particular ubicación en el ámbito de las realidades temporales. Todo desde el corazón de la Iglesia concebida como cuerpo de Cristo y comunión del pueblo de Dios.

Es interesante subrayar cómo al buscar una definición positiva del laico se llegó a las raíces de su ser cristiano –el bautismo, la confirmación y la eucaristía– y a su esencial vocación a la santidad. San Pablo llama a los cristianos simplemente "los santos", "los elegidos", "los amados de Dios". De allí la necesidad de una fuerte espiritualidad secular y de una profunda formación integral. Para los laicos casados, se trata de una formación especial y de una espiritualidad conyugal.

El sacramento del matrimonio es fuente de santidad y exigencia de misión evangelizadora. Pone a la pareja en actitud de diálogo con el Señor y de gozosa disponibilidad a su voluntad; es la fuente para el diálogo mutuo, para la apertura a los demás, para la generosa donación a los hijos, para la construcción de una nueva sociedad. Anotemos algunos aspectos.

El sacramento del matrimonio pone a los esposos en particular relación con Cristo y su Iglesia

"Este misterio es grande –dice San Pablo–: Yo lo he referido a Cristo y a la Iglesia" (cfr. Ef 5,32). Hay una particular exigencia en los esposos a vivir en Cristo y a ser Iglesia. Se insistió en el sínodo sobre una "eclesiología de comunión" y sobre la "eclesialidad de los movimientos". Esto supone una gran capacidad de inserción en la Iglesia local y de colaboración con los demás movimientos eclesiales. La comunión eclesial exige, por una parte, fidelidad a la propia identidad (carisma, misión) y, por otra, capacidad de integración y colaboración en la misión única evangelizadora de la Iglesia. Hay que vivir la gracia y la responsabilidad de ser "iglesia doméstica" (LG 11), verdadera "célula de la Iglesia" (Juan XXIII, 3/5/59), "célula de base, célula germinal, la más pequeña sin duda, pero también la más fundamental del organismo eclesial" (Pablo VI, 4/5/70). Vivir con autenticidad este "santuario" de la familia, "pequeña iglesia"; pero abrirla con generosidad a la Iglesia local y universal, verdadera esposa de Cristo.

La espiritualidad de los esposos cristianos se nutre de la Palabra

La espiritualidad de los esposos cristianos se nutre, esencialmente, como toda espiritualidad cristiana, de la Palabra de Dios y la Eucaristía (centro y plenitud de la vida sacramental). Son las fuentes de la Iglesia, como lo describen el Concilio y el Sínodo Extraordinario de 1985. Así se vive en Iglesia y se construye la comunidad eclesial. Lo esencial es crecer en Cristo para que se vaya edificando la Iglesia comunidad de santos, de apóstoles, de misioneros.

En la medida en que la familia sea "pequeña iglesia" –orante, fraterna, misionera–, hará crecer a la Iglesia-cuerpo de Cristo, pueblo de Dios, sacramento universal de salvación. Vivir a fondo la espiritualidad conyugal –espiritualidad de oración y de diálogo, de alegría y de sacrificio, de hospitalidad y de amor– es hacer crecer la santidad de la Iglesia, esposa de Cristo y madre de los hombres. "¡Cuántos matrimonios han hallado en su vida conyugal el camino de santidad, en esa comunión de vida que es la única que se basa en un sacramento!" (Pablo VI, 4/5/70). Cultivar con sentido sagrado la oración familiar y la litúrgica. Orar en común como familia (padres e hijos) y preparar juntos la misa dominical y aun la cotidiana.

La misión del laico casado en el mundo arranca siempre de su vivir en Cristo

Por el bautismo y de su ser Iglesia. Pero en una situación especial que lo hace particularmente responsable de cambiar el mundo desde adentro, a modo de fermento (cfr. LG 31). Las exigencias fundamentales le vienen por los sacramentos de la iniciación cristiana; pero el sacramento del matrimonio confiere a los esposos una gracia especial que los configura más hondamente con Cristo, los hace vivir en comunión eclesial y los prepara y compromete para su misión en el mundo; comenzando por la institución inmediata y sagrada de la familia.

No se puede soñar en una sociedad nueva sin una familia nueva. Allí se viven primero los elementos esenciales de la verdad y la justicia, de la libertad y el amor, de la reconciliación y la paz. Allí se educan y forman "los hombres nuevos" –libres, fraternos, pacificadores– que pueden cambiar el mundo. No se puede edificar una sociedad nueva con "células domésticas" muertas, enfermas, paralizadas. El mejor estadista no puede componer una sociedad con familias inestables o quebradas.

La familia es el primer mundo del hombre, desde donde se abre al mundo de la historia; es taller de formación de personalidades humanas y cristianas, escuela de humanidad, donde se hace práctica el ideal del hombre nuevo, tal como se desprende de la antropología evangélica.

Pienso en la misión de los esposos cristianos en el ámbito de la familia, de la educación, de la formación, animación e integración de los jóvenes, en la ordenación de lo social, económico y político, en el campo de la legislación familiar y educativa.

Pienso, también, en la educación para la paz, la justicia y el amor, desde adentro del hogar. El mismo Espíritu Santo –que es Espíritu de interioridad contemplativa y de crecimiento en la santidad– es el Espíritu de testimonio, de presencia misionera y de esencial actitud evangelizadora.

CONCLUSIÓN

No podría concluir sin una palabra de gratitud y de animación para los sacerdotes consejeros espirituales. El sínodo no ha olvidado a los sacerdotes; al contrario: una mayor claridad sobre la identidad de los laicos ha llevado a una mayor precisión sobre la identidad de los presbíteros y de los religiosos, en una verdadera "circularidad de comunión". La vocación y misión del laico –comprometido en Cristo, desde el corazón de la Iglesia, para crecer en la santidad, anunciar a los pobres la Buena Nueva del Reino y transformar el mundo desde adentro– ha puesto en evidencia la insustituible vocación y misión del sacerdote en la predicación de la Palabra de Dios y en la administración de la gracia de Dios por los sacramentos.

El sacerdote constituye un indispensable compañero de ruta para los esposos cristianos. Sin sustituirse a ellos, sino viviendo su esencial vocación de formadores y maestros en el Espíritu, los sacerdotes deben encarnar la santidad de Dios y la presencia evangelizadora de Jesucristo, el enviado del Padre. Deben ser un signo claro de la presencia de Cristo, cabeza de su Iglesia. A ellos –gozosamente crucificados con Cristo para dar la vida– la gratitud de toda la Iglesia, pueblo de Dios; en ellos la esperanza de los hombres. A ellos las inolvidables palabras de Jesús: "A ustedes los he llamado amigos" (Jn 15,15).

Si tuviera que dejarles un consejo –yo, "el último de los apóstoles: indigno del nombre de apóstol" (1 Co 15,9), pero "anciano... testigo de los sufrimientos de Cristo y partícipe de la gloria que está para manifestarse" (1 Pd 5,1)–, les diría lo siguiente: irradien siempre la alegría de ser sacerdotes; sean maestros de oración e introduzcan en la oración contemplativa a las parejas y sus familias; sean testigos de la resurrección del Señor y abran el corazón de todos a la esperanza.

Y que a todos nos acompañe siempre María, la Virgen del Magníficat, que es la Virgen de la fidelidad y la pobreza, de la oración y del servicio, del camino misionero y la esperanza.

ESPIRITUALIDAD DEL LAICO CRISTIANO

*"Si vivimos según el Espíritu,
obremos también según el Espíritu"*
(Gal 5,25).

Cuando hablamos de "espiritualidad laical", hablamos de "la vida según el Espíritu", vivida por los bautizados que por vocación están en el mundo. No es esencialmente diversa la espiritualidad del laico de la espiritualidad del clérigo o del religioso. Todos somos discípulos del Señor, conducidos por el Espíritu, llamados a la santidad. Pero "la vocación de los fieles laicos a la santidad implica que la vida según el Espíritu se exprese particularmente en su *inserción en las realidades temporales y en su participación en las actividades terrenas"* (ChL 17). Esto implica para los laicos una particular fidelidad evangélica (como la de María) a su familia, a su profesión, a su trabajo. Fidelidad, también, a las exigencias sociales, económicas y políticas.

La construcción de una nueva sociedad (la "civilización del amor") exige la presencia de cristianos laicos bien formados en su fe y en la doctrina social de la Iglesia, y muy comprometidos evangélicamente con Jesucristo y con el hombre.

• La *espiritualidad laical* es un camino que se va haciendo simultáneamente en una triple dimensión: *Jesucristo, la Iglesia, el mundo*. Definir al laico exclusivamente por su relación al mundo (su "secularidad") es vaciarlo de su riqueza cristiana y eclesial: el laico, ante todo, es *Cristo* y es *Iglesia*. Desde su inserción cotidianamente más honda en Cristo (por la fe y los sacramentos) y en la Iglesia concebida como misterio de comunión misionera, el fiel laico sentirá las exigencias de su responsabilidad "secular", irá descubriendo mejor los actuales desafíos de la historia y se comprometerá evangélicamente a construir un mundo nuevo, dando simultáneamente en el mundo testimonio de Jesús resucitado y de una Iglesia creíble y verdaderamente comprometida con el hombre.

Proponer a los fieles laicos una verdadera espiritualidad laical supone, pues, abrirles en profundidad el misterio de Cristo, enseñarles a vivir en auténtica comunión eclesial y animarlos en el amor y la esperanza para asumir "los gozos y las esperanzas, las tristezas y las angustias" del mundo de hoy con sus nuevos desafíos.

• Hablar de *espiritualidad laical* es hablar de un *itinerario espiritual hacia la santidad*. Hoy hace falta el paso de los *santos* (santos de lo cotidiano), como hacen falta los *mártires* (testigos del Dios vivo) y los *profetas* verdaderos (audaces anunciadores del

Evangelio de la encarnación, de la resurrección y de la escatología).

El itinerario hacia la santidad es lento, progresivo, cotidiano. Lo va haciendo Dios en nosotros y con nosotros. "Todos los que son guiados por el Espíritu de Dios son hijos de Dios" (Rm 8,14). "Que él, el Dios de la paz, los santifique plenamente y que todo su ser, el espíritu, el alma y el cuerpo, se conserve sin mancha hasta la venida de Nuestro Señor Jesucristo. Fiel es el que los llama y es él quien lo hará" (1 Ts 5,23-24). La santidad no es obra del hombre, sino del Espíritu que habita en nosotros. Y el Dios que nos llama a la santidad es fiel "y es él quien lo hará". No hace falta sino acoger el don de Dios con gratitud y gozosa disponibilidad, como María.

Yo propondría, así, un esquema de "espiritualidad laical" (siempre necesariamente genérico y parcial, por consiguiente, provisorio): *la novedad pascual del bautismo* (Cristo y el Espíritu, la Trinidad), en una *Iglesia-misterio de comunión, para construir una nueva sociedad.*

LA NOVEDAD PASCUAL DEL BAUTISMO
(cfr. ChL 10)

"Todos ustedes, que fueron bautizados *en* Cristo, han sido revestidos de Cristo" (Gal 3,27).

Bautizados en Cristo Jesús –sepultados en su muerte y partícipes de su resurrección–, "así también nosotros vivamos una vida nueva" (cfr. Rm 6,3-6).

Es importante subrayar *lo nuevo* en el hombre, en la comunidad, en la Iglesia, en el mundo.

La presencia de los santos es una fuerte provocación ante la desesperanza de los hombres y el envejecimiento de las sociedades (civiles o religiosas) y una constante invitación a hacer "nuevas todas las cosas". Recordemos algunos textos paulinos: "Por tanto, el que está en Cristo es una nueva creación: pasó lo viejo, todo es nuevo" (2 Cor 5,17). "Porque nada cuenta: ni la circuncisión, ni la incircuncisión, sino la creación nueva" (Gal 6,15). Revístanse "del hombre nuevo, creado según Dios, en la justicia y santidad de la verdad" (cfr. Ef 4,20-25). "Despójense del hombre viejo con sus obras y revístanse del hombre nuevo, que se va renovando hasta alcanzar un conocimiento perfecto, según la imagen de su Creador" (Col 3,9-10).

¿Qué significa esta "novedad pascual" del cristiano laico, sumergido por el bautismo simultáneamente en Jesucristo, en la Iglesia y en el mundo? ¿Qué significa ser "hombre nuevo"? Vivir cotidianamente la experiencia de ser hijo de Dios y hermano de los hombres, vivir en la verdad y la coherencia, en la libertad y la comunión. Lo sintetizaría así, con estas palabras de san Pablo: "Revístanse, pues, como elegidos de Dios, santos y amados, de entrañas de misericordia, de bondad, humildad, mansedumbre, paciencia... Y, por encima de todo esto, revístanse del amor, que es el vínculo de la perfección" (Col 3,12-14).

El "hombre nuevo" es el discípulo del Señor que vive un nuevo y exigente estilo de vida (*las bien-*

aventuranzas), que practica *el mandamiento nuevo del amor* (cfr. Lc 10,25-28 y Jn 13,14) y que ha aprendido a rezar *de un modo nuevo* ("*Padre nuestro...*", cfr. Lc 11,1-4).

En esta "novedad pascual del bautismo", quiero subrayar tres aspectos para la espiritualidad del fiel laico.

El bautismo: con su radical exigencia de santidad y con su permanente acción transformadora

El bautismo es el inicio del itinerario espiritual hacia la santidad, de la incorporación a Jesucristo y a la Iglesia. Es el momento en que el Espíritu de la filiación adoptiva comienza a gritar en nuestro interior: "*Abbá*, Padre".

Hace falta celebrar y vivir con fidelidad el bautismo; hace falta, también, alimentar la gracia bautismal con la oración, la Palabra y el sacramento de la Eucaristía. El bautismo nos incorpora a Cristo: "Todos ustedes, que fueron bautizados en Cristo, han sido revestidos de Cristo" (Gal 3,27). No somos solamente cristianos, sino "Cristo". Todos los bautizados están invitados a escuchar de nuevo estas palabras de san Agustín:

"Alegrémonos y demos gracias: hemos sido hechos no solamente cristianos, sino Cristo... Pásmense y alégrense: hemos sido hechos Cristo" (ChL 17).

El bautismo nos hace miembros vivos y operantes de una Iglesia-comunión misionera: "En un solo Espíritu hemos sido todos bautizados, para no formar más que un cuerpo... y todos hemos bebido de un solo Espíritu" (1 Cor 12,13). El bautismo es el sacramento de lo nuevo: "En verdad, en verdad te digo: el que no nazca del agua y del Espíritu no puede entrar en el Reino de Dios. Lo nacido de la carne, es carne; lo nacido del Espíritu, es Espíritu. No te asombres de que te haya dicho: tienen que nacer de lo alto" (Jn 3,5-7). El bautismo nos hace partícipes del Misterio Pascual de Jesús.

El Misterio Pascual

Hemos sido reconciliados con el Padre y hechos hijos de Dios por la cruz pascual de Jesucristo. El Misterio Pascual –que alcanza su plenitud en Pentecostés– da sentido a nuestra cruz y alimenta nuestra esperanza. Pero el Misterio Pascual –muerte y resurrección de Jesús– tiene sus raíces en la *encarnación* del Hijo de Dios y se hace sacramentalmente presente en *cada Eucaristía*. Celebrar y vivir el Misterio Pascual supone, por eso, asumir el Misterio Pascual en nuestra existencia cristiana –anonadamiento y pobreza, "se despojó de sí mismo, tomando condición de siervo, haciéndose semejante a los hombres..." (cfr. Flp 2,7-8)–, muerte y vida, cruz y esperanza, cercanía a los que sufren y capacidad de dar la vida por los otros. Supone, también, celebrar cotidianamente la Eucaristía (participar activamente en ella, comiendo el pan y bebiendo la sangre de Jesús). Solo así viviremos: "El que come mi carne y bebe mi sangre, tiene vida eterna... Permanece en mí y yo en él" (Jn 6,54-56).

Y esto es esencial para la vida espiritual del laico y para la fecundidad de su apostolado, de su misión: "El que permanece en mí y yo en él, ese da mucho fruto, porque separados de mí, no pueden hacer nada" (cfr. Jn 15,48). "La gloria de mi Padre está en que den mucho fruto, y sean mis discípulos" (Jn 15,8). Seremos discípulos de Jesús –primera actitud del laico cristiano, como María– si escuchamos la Palabra de Dios y la ponemos en práctica (cfr. Lc 8,21; 11,28), si permanecemos en él por la fe y el sacramento de la Eucaristía y si, conscientes de haber sido elegidos por él para dar fruto en abundancia, asumimos con disponibilidad y coraje nuestra actitud misionera: "Yo los he elegido a ustedes y los he destinado para que vayan y den fruto, y que su fruto permanezca" (Jn 15,16).

La cercanía de Dios: la Trinidad

El bautismo no solo nos reviste de Cristo. Nos hunde, por Cristo, en la Trinidad Santísima. Misterio central de nuestra fe. El Papa, al hablar del bautismo y la novedad cristiana, nos presenta así la vida en la Trinidad: "el bautismo nos regenera a la vida de los hijos de Dios; nos une a Jesucristo y a su cuerpo que es la Iglesia; nos unge en el Espíritu Santo constituyéndonos en templos espirituales" (ChL 10). Por otra parte, la Trinidad Santísima comienza a habitar en nosotros: "Si alguno me ama, guardará mi Palabra, y mi Padre lo amará; y vendremos a él y haremos nuestra morada en él" (Jn 14,23). Esto explica la cercanía y la intimidad con Dios:

– Nos hace gustar la experiencia del amor del Padre: "Y nosotros hemos creído en el amor que Dios nos tiene" (1 Jn 4,16); "Nada ni nadie podrá separarnos del amor de Dios manifestado en Cristo Jesús, Señor Nuestro..." (Rm 8,39).

– Nos configura cada vez más hondamente con Cristo, el Hijo, "el primogénito" (cfr. Rm 8,29).

– Nos hace "templos vivos" del Espíritu Santo (cfr. 1 Cor 6,19), el cual gime en nuestro interior con gemidos inefables (cfr. Rm 8,26-27).

Esto asegura la oración del cristiano laico, que a veces no encuentra tiempo para orar o no sabe cómo hacerlo en lo cotidiano. Quiero recordar aquí "la oración nueva" del cristiano: el padrenuestro (cfr. Lc 11,1ss.). Orar es simplemente situarse frente al Padre, adorarlo en silencio y escucharlo.

EN UNA IGLESIA MISTERIO DE COMUNIÓN

"Todos hemos bebido de un solo Espíritu"
(1 Cor 12,13).

La identidad, la misión y la espiritualidad del cristiano laico se viven en el interior de una Iglesia que es misterio de comunión misionera. "Yo soy la vid; ustedes los sarmientos" (Jn 15,5). La comunión de los cristianos entre sí nace de su comunión con Cristo: "Todos somos sarmientos de la única vid, que es Cristo" (ChL 18). La Iglesia es esencialmente comunión. *"Esta comunión es el mismo misterio de la Iglesia,* como lo recuerda el Concilio Vaticano II con la célebre expresión de san Cipriano: «La Iglesia universal se presenta como un pueblo congregado en la unidad del Padre, del Hijo y del Espíritu Santo»" (ChL 18). *"La realidad de la Iglesia-comunión es, entonces, parte integrante, más aún, representa el contenido central del* «misterio»" (ChL 19). De esta realidad central de una Iglesia "comunión misionera", yo quisiera subrayar, para la espiritualidad laical, algunos puntos.

La comunión es con el Padre por el Hijo en el Espíritu Santo

Esta comunión es el sentido central de "comunión" (*koinonia*) que deriva en nosotros del bautismo y alcanza su plenitud en la Eucaristía. No podemos pretender estar en comunión entre nosotros, sino partiendo de la profunda, viva y dinámica comunión con la Trinidad por Cristo. Y esta comunión –que se nutre de la Palabra de Dios y del sacramento de la Eucaristía– la experimentamos como una gracia, como un don del Espíritu Santo, en lo cotidiano de nuestras realidades temporales. No se trata de una experiencia mística (reservada a algunos pocos, sobre todo a religiosos o ermitaños), sino de una experiencia elemental que nos acompaña en las tareas comunes de cada día: en la familia, en el trabajo, en la escuela, en los momentos de recreación o de lectura y oración.

Desde esta experiencia de un Dios que nos habita ("Si alguno me ama, guardará mi Palabra, y mi Padre le amará, y vendremos a él, y haremos morada en él", Jn 14,23), contemplaremos el mundo desde otra perspectiva (la de la fe), descubriremos la presencia de Jesús en la historia y en el sufrimiento de los hombres, sentiremos adentro de nosotros mismos una gran serenidad interior, una alegría humanamente inexplicable, una inquebrantable fortaleza.

Pero esta comunión exige ser alimentada por la Palabra de Dios y la Eucaristía. No habrá comunión profunda y serena con Dios, sino a través de la continua meditación de su Palabra y de la frecuente participación en la Eucaristía (en lo posible, diaria).

La comunión orgánica de la Iglesia

La comunión supone una profunda y viva adhesión de amor a los pastores (comunión recíproca de amistad y de obediencia, de donación y de servicio), inserción concreta en la comunidad local, sentido de coordinación, colaboración y comunión entre los diferentes grupos, movimientos o asociaciones laicales, participación efectiva en la construcción de la comunidad eclesial, fidelidad a la específica vocación laical en el contexto de las distintas pero convergentes y complementarias vocaciones en el mismo pueblo de Dios (sacerdotes, diáconos, religiosos y religiosas). En lo concreto, esta espiritualidad laical de comunión exige algunas actitudes:

- Vivir *con alegría y gratitud la específica vocación laical*; recibir con humildad y responsabilidad los dones de Dios y ponerlos enseguida a disposición de los demás; no esconder nuestros talentos o enterrarlos por miedo o por pereza. Es fácil echar la culpa a "ciertos hombres" de Iglesia por su falta de credibilidad o de eficacia. Es más difícil, en la práctica, vivir responsablemente esta auto-conciencia: "yo *también* soy Iglesia"; y, desde la perspectiva propia, construir la comunión eclesial y misionera.

- Asumir con generosa fidelidad la propia participación activa en la misión evangelizadora de la Iglesia.

- Dejarse conducir por el Espíritu, meditar personal y comunitariamente la *Palabra de Dios*, participar activamente en la liturgia (sobre todo en la *Eucaristía*) y celebrar frecuentemente el sacramento de la *reconciliación*. Vivir (para los laicos casados) la gracia sacramental del *matrimonio*.

PARA CONSTRUIR UNA NUEVA SOCIEDAD

"Esperamos, según nos lo tiene prometido, nuevos cielos y nueva tierra en los que habite la justicia" (2 Ped 3,13).

"Entonces dijo el que está sentado en el trono: «Mira que hago un mundo nuevo»" (Ap 21,5).

La novedad pascual del bautismo se convierte –a través del dinamismo de la esperanza teologal– en la novedad definitiva: "cielos nuevos y tierra nueva, en los que habite la justicia". Pero ¿tendremos que esperar la segunda venida del Señor para tener "un mundo nuevo"?

En cierto sentido, sí; porque se trata de lo nuevo definitivo donde "no habrá ya muerte ni habrá llanto, ni gritos ni fatiga, porque el mundo viejo ha pasado" (Ap 21,4). Pero en cierta medida, no; porque "lo nuevo" nos ha llegado ya por Jesucristo, "el Hombre Nuevo", y por María, la Madre del Hombre Nuevo.

Aquí está la verdadera responsabilidad del cristiano, hecho "hombre nuevo" en Jesucristo por el bautismo, y el principal compromiso del laico cristiano llamado por Dios a ser santo en el mundo: poner cada día un poco de su "novedad interior" – la de su bautismo, la de la Trinidad, la de Cristo, la del Espíritu Santo, la de María– en su familia, en su trabajo, en su profesión, en su tiempo libre. Ir poniendo en el mundo un poco de esa justicia evangélica de la que –en su itinerario cotidiano a la santidad– tiene "hambre y sed" y a la que busca providencialmente insertado en "las realidades temporales". Ir construyendo la paz y cambiando las lágrimas en consolación, la miseria en la serenidad de los pobres de espíritu y la tristeza en la alegría de los que solo buscan "el Reino de Dios y su justicia".

El capítulo III de la *Christifideles Laici*, sobre "la corresponsabilidad de los fieles laicos en la Iglesiamisión", nos recuerda las palabras de Jesús: "Los he destinado para que vayan y den fruto" (Jn 15,16). En orden a la espiritualidad laical, este capítulo nos subraya tres cosas:

Que la comunión eclesial es esencialmente misionera

"*La comunión genera comunión*, y esencialmente se configura como *comunión misionera*... La comunión y la misión están profundamente unidas entre sí, se compenetran y se implican mutuamente, hasta tal punto que la *comunión representa a la vez la fuente y el fruto de la misión: la comunión es misionera y la misión es para la comunión*" (ChL 32).

La Iglesia es un misterio de comunión dinámica, de presencia misionera, de nueva y constante evangelización, de construcción de un mundo nuevo. Por consiguiente, la espiritualidad laical exige "anunciar el Evangelio" (ChL 33-35) y "vivir el Evangelio sirviendo a la persona y a la sociedad" (ChL 36-44).

Que "ha llegado la hora de emprender una nueva evangelización" (ChL 34).

"Nueva en el ardor, en los métodos, en la expresión" (Juan Pablo II). Esta nueva evangelización supone tres cosas:

- Una *nueva efusión del Espíritu de Pentecostés.*
- Una *experiencia más honda del misterio de Cristo.*
- Una *"formación de comunidades eclesiales maduras"* (ChL 34), en una fe profesada, celebrada y vivida en la caridad y la justicia (cfr. ChL 33).

Que "la Iglesia tiene que dar hoy un gran paso adelante en su evangelización.
Por eso, debe entrar en una nueva etapa histórica de su dinamismo misionero" (ChL 35).

Esto exige vivir una auténtica "espiritualidad misionera": "dejarse guiar por el Espíritu" (RM 87); vivir el misterio de Cristo «enviado»" (RM 88); "amar a la Iglesia y a los hombres como Jesús los ha amado" (RM 89); "el verdadero misionero es el santo" (RM 90). "El futuro de la misión depende en gran parte de la contemplación. El misionero, si no es contemplativo, no puede anunciar a Cristo de modo creíble" (RM 91).

"En el mundo sin ser del mundo"

Por vocación divina, recreado en Cristo por el bautismo, el cristiano laico está llamado a dar siempre "razón de su esperanza" (cfr. 1 Ped 3,15), a ordenar según Dios los asuntos temporales, a contribuir "a la santificación del mundo desde dentro, a modo de fermento" (LG 31). Esto nos lleva a pensar en lo específico de la vocación laical: su "índole secular" (ChL 15).

Toda la Iglesia –como nos enseña Pablo VI en un texto que retoma Juan Pablo II en *Christifideles Laici*– "tiene una auténtica dimensión secular, inherente a su íntima naturaleza y a su misión, que hunde su raíz en el misterio del Verbo Encarnado y se realiza de formas diversas en todos sus miembros". Toda la Iglesia –obispos, sacerdotes, religiosos, religiosas y fieles laicos– vive en el mundo como sacramento universal de salvación; es decir, como signo e instrumento del amor de Dios por el hombre:

"Ciertamente, todos los miembros de la Iglesia son partícipes de su dimensión secular, pero lo son de formas diversas. En particular, la participación de los fieles laicos tiene una modalidad propia de actuación y de función que, según el Concilio «es propia y peculiar» de ellos. Tal modalidad se designa con la expresión «índole secular»" (ChL 15).

Pero esta especificidad o caracterización del laico ni lo "mundaniza" (o "seculariza"), ni lo hace "propietario" de la dimensión secular. Es el complemento específico de su esencial condición cristiana; el laico es, ante todo, un fiel laico (o un *cristiano* laico). "La condición eclesial de los fieles laicos se encuentra radicalmente definida por su novedad cristiana y caracterizada por su índole secular".

A propósito de esta espiritualidad "secular", quiero señalar lo siguiente.

• Hoy no puede concebirse la santidad sin una particular relación al mundo que debe ser transformado y al hombre que ha de ser integralmente liberado y redimido en Cristo. Una privilegiada opción por los pobres forma parte de la caridad teologal, la cual exige un acercamiento evangélico a todos los que sufren, a los enfermos, a los ancianos, a los oprimidos, a los que están solos.

Forma parte de la santidad del laico cristiano un compromiso serio, concreto y evangélico por la justicia y la paz (también en el ámbito de lo social, de lo económico y de lo político). Un cristiano que rehuyera –por miedo o por pereza– a asumir en concreto un compromiso político, sería infiel a su bautismo, más aún, sería infiel a Jesucristo y su Evangelio (cfr. ChL 42).

- Tampoco puede concebirse la *"fuga mundi"* (o separación del mundo) como fórmula ideal de la espiritualidad laical. Los laicos están llamados por Dios a vivir en el mundo, sin ser del mundo. *"Allí son llamados por Dios"* (LG 31). "El «mundo» se convierte en el ámbito y el medio de la vocación cristiana de los fieles laicos... De este modo, el ser y el actuar en el mundo es para los fieles laicos no solo una realidad antropológica y sociológica, sino también, y específicamente, una realidad teológica y eclesial" (ChL 15). Pero en el mundo de las realidades temporales –familia, trabajo, profesión, cultura, educación–, es válida para el fiel laico (como lo es para todo cristiano) la exhortación de san Juan: "No amen al mundo ni lo que hay en el mundo. Si alguien ama al mundo, el amor del Padre no está en él" (1 Jn 2,15).

- El itinerario espiritual del laico cristiano –su camino de santidad– supone vivir a fondo su bautismo, su fidelidad a lo cotidiano, su apertura evangélica y su disponibilidad gozosa a Dios y al hombre, a la oración y al trabajo, a la alegría y a la cruz. Lo cual supone una perfecta unidad interior entre fe y vida, es decir, dejarse conducir por el Espíritu: "Si vivimos según el Espíritu, obremos también según el Espíritu" (Gal 5,25). Obrar según el Espíritu es vivir cotidianamente en la fe, en la esperanza, en la caridad. Ver todas las cosas y los hombres en Dios y desde Dios, amar a Dios sobre todas las cosas, caminar en la esperanza hacia "los cielos nuevos y la tierra nueva", confiando en Dios que nos ama y para quien nada es imposible, y apoyándonos siempre en Cristo, Señor de la historia, que ha venido ya y nos acompaña para que caminemos juntos hacia su segunda venida: "Ven, Señor Jesús" (Ap 22,20).

CONCLUSIÓN: ESPIRITUALIDAD MARIANA

"Dijo María: «He aquí la esclava del Señor; hágase en mí según tu palabra»" (Lc 1,38).

La espiritualidad laical debe ser fuertemente *mariana*. María, la humilde servidora del Señor, la esposa de José el carpintero, la sencilla mujer del pueblo de Israel, se convierte en la primera mujer laica, modelo y camino transparente y cercano de espiritualidad laical. Vive con fidelidad lo cotidiano, acoge en el silencio contemplativo la Palabra de Dios y la realiza, se pone enseguida en camino de esperanza y de servicio, se abraza con fortaleza a la cruz de la redención, espera el Espíritu de Pentecostés en la oración y la comunión apostólica, acompaña desde la normalidad de lo cotidiano y el silencio de su contemplación los comienzos de la Iglesia evangelizadora y misionera. Es ella misma una transparencia cercana del Evangelio de Dios, una permanente llamada a la novedad pascual de su Hijo, una continua invitación a la alegría del amor del Padre ("alégrate, llena de gracia") y una sencilla indicación del camino de la santidad: "El Espíritu Santo vendrá sobre ti" (Lc 1,35). "Feliz de ti porque has creído" (Lc 1,45). "Felices, más bien, los que escuchan la Palabra de Dios y la ponen en práctica" (Lc 11,28).

María, en quien Jesús inspiró sus bienaventuranzas, nos indica el camino de la santidad y nos invita con ella a recorrerlo: "Hagan lo que él les diga" (Jn 2,5). A ella nos entregamos y con ella caminamos. Con María, la sencilla mujer de Nazaret, irán recorriendo los cristianos laicos su cotidiano itinerario hacia la santidad.

MISIÓN
Y COMUNIÓN

"Vayan por todo el mundo y proclamen la Buena Nueva a toda la creación" (Mc 16,15). *"Lo que hemos visto y oído es lo que les anunciamos, para que también ustedes estén en comunión con nosotros. Y nosotros estamos en comunión con el Padre y con su Hijo, Jesucristo"* (1 Jn 1,1-4).

Quisiera iluminar mi exposición, sencilla y breve, con la luz de la Palabra de Dios. Estamos viviendo un momento nuevo y providencial en la Iglesia y en el mundo. Hay un llamado especial del Papa "en esta magnífica y dramática hora de la historia" (ChL 3) a la esperanza cristiana. Esperanza que es confianza en Jesús resucitado y es camino de comunión y de misión. "Si se mira superficialmente a nuestro mundo, impresionan no pocos hechos negativos que pueden llevar al pesimismo. Mas este es un sentimiento injustificado: tenemos fe en Dios Padre y Señor, en su bondad y misericordia. En la proximidad del tercer milenio de la redención, Dios está preparando una gran primavera cristiana, de la que ya se vislumbra su comienzo. La esperanza cristiana nos sostiene en nuestro compromiso a fondo para la nueva evangelización" (RM 86).

Este sentido de esperanza cristiana ("Veo amanecer una nueva época misionera", RM 92) lleva hoy en la Iglesia una doble marca: la comunión y la misión. Mejor aún, una sola marca que se expresa en "comunión misionera" (ChL 32). "La comunión genera comunión, y esencialmente se configura como comunión misionera" (ChL 32). Pero volveremos luego sobre esto: no se concibe la misión si no es desde el corazón de una Iglesia comunión; tampoco se concibe una Iglesia comunión si no es desde el dinamismo esencial para la misión. La misión nace de la comunión y tiende a crear la comunión.

Los dos textos citados al principio nos colocan en el centro de nuestro tema: misión y comunión. El texto de Marcos nos recuerda la universalidad de la misión: "Vayan por todo el mundo y proclamen la Buena Nueva a toda la creación" (Mc 16,15). Es un texto que nos recuerda –y nos impone– una misión "más allá de las fronteras". Jesús lo dirá así a sus apóstoles: "Recibirán la fuerza del Espíritu Santo, que vendrá sobre ustedes, y serán mis testigos en Jerusalén, en toda la Judea y Samaría, y hasta los confines de la tierra" (Hch 1,8). Habría que completar el texto del envío misionero con la seguridad que nos da Jesús en san Mateo: "Y he aquí que yo estoy con ustedes todos los días hasta el fin del mundo" (Mt 28,20).

El texto de san Juan nos subraya que el anuncio de la Buena Nueva nace de la contemplación ("lo que hemos visto y oído") y tiende a formar la comunión ("para que también ustedes estén en comunión con nosotros. Y nosotros estamos en comunión con el Padre y con su Hijo, Jesucristo"). La raíz del anuncio y de la comunión es siempre la contemplación de "lo que existía desde el principio, lo que hemos oído, lo que hemos visto con nuestros ojos, lo que contemplamos y tocaron nuestras manos acerca de la Palabra de vida –pues la vida se manifestó, y nosotros la hemos visto y damos testimonio–". Todo esto tiende a engendrar en nosotros la alegría de la Buena Nueva: "Les escribimos esto para que nuestro gozo sea completo" (1 Jn 1,4).

VOCACIÓN A LA SANTIDAD Y A LA MISIÓN

> "No me eligieron ustedes a mí, sino que yo los he elegido a ustedes, y los he destinado para que vayan y den fruto y su fruto permanezca" (Jn 15,16).
> "Nos ha elegido en él [en Cristo]...
> para ser santos e inmaculados en su presencia,
> en el amor" (Ef 1,4).

Lo primero que hemos de decir, para entender bien la unidad entre comunión y misión, es que el Señor nos llama simultáneamente a la santidad y a la misión. "La vocación universal a la santidad está estrechamente unida a la vocación universal a la misión. Todo fiel está llamado a la santidad y a la misión" (RM 90). "La llamada a la misión deriva de por sí de la llamada a la santidad". Todo bautizado está llamado a ser santo y a ser misionero; no hemos elegido nosotros al Señor, sino que él nos eligió a nosotros y nos envió para que diéramos fruto y lo diéramos en abundancia. Pero no podemos dar fruto si no vivimos en él: "el que permanece en mí y yo en él, ese da mucho fruto; porque separados de mí, no pueden hacer nada" (Jn 15,5).

Aquí está el centro de nuestra comunión (con el Padre por el Hijo en el Espíritu Santo) y el principio eficaz de nuestra misión. El bautismo nos hace entrar en comunión con la Trinidad, y la Eucaristía lleva esta comunión a su plenitud. "El que come mi carne y bebe mi sangre, permanece en mí, y yo en él" (Jn 6,56). El Señor nos llama y nos envía; cada día es un llamado nuevo y un envío nuevo; pero "este envío es envío en el Espíritu" (RM 22), el cual es el verdadero "protagonista de la misión" (RM 30).

Deseo subrayar esta unidad interior entre comunión y misión que se debe al llamado (cotidianamente nuevo) del Señor y a la acción (constantemente operante) del Espíritu Santo. La respuesta a la llamada supone silencio interior (capacidad contemplativa para oír su voz o percibir un gesto): "aquí estoy, porque me has llamado" (1 Sam 3,5); y ellos, "dejándolo todo, le siguieron" (Lc 5,11). Supone, también, desprendimiento y pobreza, disponibilidad pronta y generosa para dejarlo todo (dejarse fundamentalmente a sí mismo) y ponerse en seguimiento de Jesús: "Una cosa te falta: anda, cuanto tienes véndelo y dáselo a los pobres...; luego ven y sígueme" (Mc 10,21).

Por aquí habría que comenzar para comprender la unidad inseparable entre comunión y misión, entre el llamado y el envío, en el interior de cada hombre y de cada mujer de quienes el Señor –en el corazón de una Iglesia comunión misionera– quiere hacer los nuevos enviados, los nuevos misioneros, los nuevos evangelizadores.

Son hombres y mujeres que han experimentado una particular mirada de Jesús y han aprendido a estar con él, gustando su Palabra y dejándose conducir por su Espíritu; que han vivido en "la comunidad-comunión" de los discípulos, han profundizado y gustado allí la Buena Nueva de Jesús y experimentan ahora la urgencia interior del Espíritu que los impulsa a la misión: "¡Ay de mí, si no predicara el Evangelio!" (1 Cor 9,16).

Análogamente a lo que pasó con los primeros apóstoles: "Subió al monte y llamó a los que él quiso: y vinieron donde él. Instituyó Doce, para que estuvieran con él, y para enviarlos a predicar" (Mc 3,13-14). Vale la pena subrayar estas tres cosas: "llamó a los que él quiso... para que estuvieran con él... y para enviarlos a predicar". Hay un llamado gratuito y amoroso del Señor para vivir en privilegiada comunión con él y marchar simultáneamente en urgencia misionera.

De aquí deducimos *que cada bautizado está llamado a la santidad y a la misión*; en realidad, es una misma vocación esencialmente cristiana. Pero viene luego una particular invitación del Señor, especialmente gratuita y amorosa, que lo exige todo ("si quieres... ven y sígueme"). Es un llamado especial y único a vivir más radicalmente en la profundidad de la comunión y en el dinamismo de la misión. En nuestro interior cristiano –porque vivimos en la comunión trinitaria por el bautismo– todos vivimos "sin fronteras"; pero algunos son llamados especialmente por el Señor a ir "más allá de las fronteras" (misión *ad gentes*) para anunciar la Buena Nueva de Jesús "hasta los confines de la tierra" (Hch 1,8).

No se es cristiano si no se es misionero. Pero hay un ámbito inmediato de la misión y otro más universal. El inmediato es aquel en que estamos directamente comprometidos: la familia, el trabajo, la realidad social y política en la que cotidianamente nos movemos. Aquí tenemos que dar constantemente testimonio y anunciar el Evangelio. Pero hay otro ámbito especial, más universal, al que nos impulsa también la exigencia misionera de nuestro bautismo. Nos toca con igual urgencia que el primero: cada cristiano es responsable de la salvación del mundo; cada comunidad cristiana, si es madura en su fe, tiene que sentir el llamado a la misión *ad gentes*.

Afortunadamente, los fieles laicos van tomando cada día más conciencia de este deber misionero *ad gentes*; se multiplican las vocaciones específicamente misioneras de laicos que quieren consagrar un tiempo de su vida o su vida entera en lugares donde el nombre de Jesús no ha sido todavía pronunciado. Las experiencias de voluntariados de fe comprometida son magníficas. "En los tiempos modernos, no ha faltado la participación activa de los misioneros laicos y de las misioneras laicas... Es más, hay que reconocer –y esto es un motivo de gloria– que algunas iglesias han tenido su origen gracias a la actividad de los laicos y de las laicas misioneros" (RM 71).

Ciertamente, no todos los fieles laicos –como no todos los cristianos– sienten de la misma manera o pueden vivir del mismo modo esta esencial dimensión misionera: hay algunos que sienten el llamado específico de ir a "países" o "lugares" de misión (solos, con la familia o formando parte de algunos grupos o movimientos misioneros); hay otros que, por diversos motivos (incluso eclesiales), no pueden hacerlo. Pero igualmente deben vivir con intensidad, a su modo y en su lugar, esta esencial dimensión misionera de la Iglesia; y saberla comunicar a los demás (familia, grupos apostólicos, etcétera).

LA IGLESIA
MISTERIO DE COMUNIÓN MISIONERA

"Yo en ellos y tú en mí, para que sean
perfectamente uno, y el mundo conozca
que tú me has enviado" (Jn 17,23).

Jesús reza por la unidad de su Iglesia. Pero no es lo mismo unidad que comunión: la comunión es algo más profundo y dinámico; la unidad es fruto de la comunión y signo creíble de la misión: "Como tú, Padre, en mí y yo en ti, que ellos también sean uno en nosotros, para que el mundo crea que tú me has enviado" (Jn 17,21). Para que el mundo crea que Jesús es "el misionero del Padre", es necesario que la Iglesia sea expresión y realización (sacramento) de la comunión trinitaria: que sean uno "en nosotros" y "como nosotros". Volvemos así al punto anterior: para que nuestra misión sea válida y creíble (para que nos reconozcan verdaderamente como "misioneros sin fronteras"), debemos vivir profundamente en Dios: nuestra comunión tiene que ser con el Padre por el Hijo en el Espíritu.

Es una comunión sacramental y viva que se nos va dando por los sacramentos, sobre todo el bautismo y la eucaristía: "En un solo Espíritu hemos sido todos bautizados para no formar más que un cuerpo... Y todos hemos bebido de un solo Espíritu" (1 Cor 12,13). "La copa de bendición que bendecimos, ¿no es acaso la comunión con la sangre de Cristo? Y el pan que partimos, ¿no es comunión con el cuerpo de Cristo? Porque aun siendo muchos, un solo pan y un solo cuerpo somos, pues todos participamos de un solo pan" (1 Cor 10,16-17).

El Concilio subrayó la idea de una Iglesia comunión. "Es esta la idea central que, en el Concilio Vaticano II, la Iglesia ha vuelto a proponer de sí misma" (ChL 19); también el Concilio nos describió la naturaleza "esencialmente misionera" de la Iglesia. La comunión va inseparablemente unida a la misión. El Sínodo Extraordinario de 1985 lo puso particularmente de relieve. Pero ha sido, sobre todo, la Exhortación Apostólica *Christifideles Laici* la que nos habló de la Iglesia como "comunión misionera" (ChL 32).

Es importante comprender bien esta expresión y tratar de sacar las consecuencias. Ya al terminar el capítulo II sobre la participación de los fieles laicos en la vida de la Iglesia-comunión, la Exhortación Apostólica nos dice:

"De este modo, la comunión se abre a la misión haciéndose ella misma misión" (ChL 31). Pero es, sobre todo, el capítulo III –sobre "la corresponsabilidad de los fieles laicos en la Iglesia-misión"– el que más nos describe la íntima relación entre comunión y misión. Son términos distintos, pero inseparablemente unidos: la comunión engendra la misión y la misión tiende a la comunión. "La comunión genera comunión, y esencialmente se configura como comunión misionera... La comunión y la misión están profundamente unidas entre sí, se compenetran y se implican mutuamente, hasta tal punto que la comunión representa a la vez la fuente y el fruto de la misión: la comunión es misionera y la misión es para la comunión" (ChL 32).

En el principio de la comunión y de la misión está el mismo Señor (la Iglesia "es en Cristo sacramento de unidad", LG 1) y el mismo Espíritu Santo ("serán mis testigos hasta los confines de la tierra", Hch 1,8).

La comunión genera comunión: de los hombres entre sí y de los hombres con Dios; por eso mismo la comunión es esencialmente misionera. La comunión eclesial, si es verdadera en el Espíritu, se abre necesariamente a la misión; cuanto más profunda es la comunión, más intensa y fecunda es la misión; cuanto más verdadera es la misión, tanto más honda y universal es la comunión. La misión nace de la comunión y termina en la comunión (la comunión es "a la vez la fuente y el fruto de la misión"). Esto nos está pidiendo en lo concreto dos cosas:

- Vivir profundamente en comunión eclesial (con los pastores, con todos los miembros del pueblo de Dios). Solo una comunidad cristiana que sea "un solo corazón y una sola alma" (Hch 4,32) puede ser verdaderamente misionera; su testimonio, su misión, su evangelización, serán creíbles. "Yo en ellos y tú en mí, para que sean perfectamente uno y el mundo conozca que tú me has enviado" (Jn 17,23). Al mismo tiempo, solo el misionero (persona o movimiento) que se sienta apoyado por la comunidad cristiana, sobre todo por los pastores que la presiden, puede dar fruto y un fruto que permanezca (cfr. Jn 15,16). Porque podemos aplicar a la Iglesia-misterio de comunión las palabras de Jesús: "Separados de mí no pueden hacer nada" (Jn 15,5).

– Tender a crear la comunión y a formar comunidades cristianas maduras en la fe. "Por la evangelización, la Iglesia es construida y plasmada como comunidad de fe; más precisamente, como comunidad de una fe confesada en la adhesión a la Palabra de Dios, celebrada en los sacramentos, vivida en la caridad como alma de la existencia moral cristiana" (ChL 33).

Dentro de esta visión de la Iglesia como "comunión misionera", deseo recordar cuanto nos dice el Papa sobre el asociacionismo misionero (RM 72). Toda asociación, grupo, organización o movimiento deben renovarse profundamente en su dimensión misionera: la validez eclesial de un movimiento o de una asociación (antigua o nueva) se manifiesta por su profunda y renovada conciencia misionera. "En la actividad misionera hay que revalorizar las varias agrupaciones del laicado, respetando su índole y finalidades: asociaciones del laicado misionero, organismos cristianos y hermandades de diverso tipo; que todos se entreguen a la misión *ad gentes* y a la colaboración con las iglesias locales. De este modo, se favorecerá el crecimiento de un laicado maduro y responsable, cuya formación... se presenta en las jóvenes iglesias como elemento esencial e irrenunciable de la *plantatio Ecclesiae*" (RM 72).

Hay un párrafo, en el mismo número 72, que no puedo dejar de citar y de comentar: "Recuerdo –dice el Papa– como novedad surgida recientemente en no pocas iglesias, el gran desarrollo de los «movimientos eclesiales», dotados de dinamismo misionero. Cuando se integran con humildad en la vida de las iglesias locales y son acogidos cordialmente por obispos y sacerdotes en las estructuras diocesanas y parroquiales, los movimientos representan un verdadero don de Dios para la nueva evangelización y para la actividad misionera propiamente dicha. Por tanto, recomiendo difundirlos y valerse de ellos para dar nuevo vigor, sobre todo entre los jóvenes, a la vida cristiana y a la evangelización, con una visión pluralista de los modos de asociarse y de expresarse".

El texto es muy rico y delicado; tratándose de una Encíclica, merece ser brevemente comentado:

— Se trata de "movimientos nuevos", ya que el Papa los recuerda "como novedad surgida recientemente en no pocas iglesias". Todos conocemos algunos.

— Se trata, también, de "movimientos eclesiales"; por consiguiente, deben manifestar los cinco "criterios de eclesialidad" señalados en *Christifideles Laici* y contar con el discernimiento de los pastores (ChL, 31). Por lo mismo, se exigen dos condiciones: que los movimientos se integren con humildad en la vida de las iglesias locales (diocesanas y parroquiales), y que los obispos y sacerdotes los acojan con cordialidad en las estructuras diocesanas y parroquiales.

– Estos movimientos eclesiales nuevos deben estar dotados de dinamismo misionero (es uno de los cinco criterios señalados por la *Christifideles Laici* 30).

– Si se cumplen todas estas condiciones dice tres cosas: que estos movimientos son un verdadero don de Dios para la nueva evangelización y para la actividad misionera propiamente dicha (son frutos de una nueva efusión del Espíritu de Pentecostés que hoy está obrando en la Iglesia); que recomienda difundirlos y valerse de ellos; y con una visión pluralista de los modos de asociarse y de expresarse.

A la luz de estas palabras del Papa y de las exigencias de la *Christifideles Laici*, creo que podríamos superar tantas discusiones inútiles y trabajar juntos para formar comunidades cristianas maduras en la fe.

MÁS ALLÁ DE LAS FRONTERAS

Quiero ofrecer algunas reflexiones, sugeridas por el título del encuentro, que nos ayuden a todos a vivir en profundidad y "gozo en el Espíritu" la relación intrínseca y esencial de estas dos palabras: *misión y comunión*.

"Más allá de las fronteras" está solo Dios y nuestra patria definitiva. Recuerdo estos dos textos de san Pablo: "Somos ciudadanos del cielo, de donde esperamos como salvador al Señor Jesucristo, el cual transfigurará este miserable cuerpo nuestro en un cuerpo glorioso como el suyo" (Flp 3,20-21). Entonces se dará la comunión definitiva y universal de todos los hombres y de todos los pueblos, como fruto de una Iglesia peregrina en el dinamismo de su misión. Todo el mundo entrará a formar parte "del único pueblo de Dios, del único cuerpo de Cristo, del único Templo del Espíritu" (LG 17).

Se dará entonces el término de nuestra esperanza; se acabará la misión y gozaremos la comunión definitiva de un solo pueblo "reunido por la unidad del Padre y del Hijo y del Espíritu Santo" (LG 4). "Si han resucitado con Cristo, busquen las cosas de arriba, donde está Cristo sentado a la diestra de Dios. Aspiren a las cosas de arriba, no a las de la tierra. Porque han muerto, y su vida está oculta con Cristo en Dios. Cuando aparezca Cristo, que es nuestra vida, entonces también ustedes aparecerán gloriosos con él" (Col 3,1-4).

Una vida "sin fronteras" (una "misión sin fronteras") supone una "vida nueva" en Jesucristo por la acción incesantemente nueva del Espíritu Santo. Hay algo nuevo que va sucediendo en la historia y nos sorprendemos: en Europa van cayendo las fronteras y en América Latina se suspira por "la patria grande" ("el continente de la esperanza") sin fronteras que dividan y separen. Pero, en lo profundo, hay una acción de Dios que lo transforma todo y lo unifica en el Espíritu: "Entonces dijo el que está sentado en el trono: «Mira que yo hago un mundo nuevo»" (Ap 21,5). Este "mundo nuevo" es el mundo inaugurado por Jesús, el enviado del Padre, quien nos dejó el mandato de completarlo por la "nueva evangelización", la "vida nueva" en el Espíritu, la nueva misión "sin fronteras": "Vayan por todo el mundo y prediquen la Buena Nueva".

"Más allá de las fronteras": se llega allí solo por la "caridad apostólica", en el desprendimiento y la pobreza, la austeridad del desierto, la profundidad de la oración contemplativa, la exaltación por la cruz. Todo esto nos abre el horizonte de la santidad del misionero. "El renovado impulso hacia la misión *ad gentes* exige misioneros santos. No basta renovar los métodos pastorales, ni organizar y coordinar mejor las fuerzas eclesiales, ni explorar con mayor agudeza los fundamentos bíblicos y teológicos de la fe: es necesario suscitar un nuevo «anhelo de santidad» entre los misioneros y en toda la comunidad cristiana" (cfr. RM 90). Quiero citar aun estas frases del Papa en la *Redemptoris Missio*: "el futuro de la misión depende en gran parte de la contemplación. El misionero, si no es contemplativo, no puede anunciar a Cristo de modo creíble". "El misionero es el hombre de las Bienaventuranzas". "La característica de toda vida misionera auténtica es la alegría interior" (RM 91).

"Más allá de las fronteras": hay un camino y una cruz. Es el camino de la misión y la cruz de la comunión. Hay, también, una Madre que hizo el camino y vivió la cruz: María de Nazaret, la Madre de Jesús y Madre nuestra. Ella nos dio a Jesús que es "el ca-

mino, la verdad y la vida" (Jn 15,5). Nos lo entregó en silencio cuando se puso "con prontitud en camino" (cfr. Lc 1,39). Vivió con intensidad serena su comunión con el Padre y con su Hijo: cuando dijo que sí al Señor ("Yo soy la servidora del Señor, hágase en mí según tu palabra", Lc 1,38) y cuando permaneció de pie "junto a la cruz de Jesús..." (cfr. Jn 19,25-27). Era la cruz en la que Jesús "derribaba el muro de la separación" y hacía de los dos "un solo Hombre Nuevo, haciendo la paz y reconciliando con Dios a ambos en un solo cuerpo, por medio de la cruz... pues por él, unos y otros tenemos libre acceso al Padre en un mismo Espíritu" (cfr. Ef 2,14-18). En la reconciliación universal por la cruz –vertical y horizontal–, Jesús nos dejaba un mundo "sin fronteras".

Es la cruz que derriba las fronteras ("cristianos sin fronteras", "jóvenes sin fronteras"); es la cruz pascual de Jesús, levantada en alto, desde la cual se puede mirar "más allá de las fronteras".

Es un camino nuevo que nos abrió Jesús: camino de reconciliación, de solidaridad y de comunión. Camino nuevo por donde mandó a los Doce: "Convocando a los Doce, les dio autoridad y poder sobre todos los demonios, y para curar enfermedades, y los envió a proclamar el Reino de Dios y a curar" (cfr. Lc 9,1-6). Camino nuevo por donde luego mandó a los setenta y dos discípulos: "Después de esto, designó el Señor a otros setenta y dos, y los envió de dos en dos («en comunión») delante de sí, a todas las ciudades y sitios a donde él había de ir" (Lc 10,1). Camino nuevo que hoy nos abre el Señor, "a los testigos que Dios había escogido de antemano, a nosotros que comimos y bebimos con él" (Hch 10,41). Camino nuevo que vamos haciendo con María, en "nuestro tiempo (que) es dramático y al mismo tiempo fascinante" (RM 38)...

CONCLUSIÓN

> "Vayan por todo el mundo y proclamen la Buena Nueva a toda la creación" (Mc 16,15).

Hay momentos en la historia en que las urgencias de Jesús –su mandato misionero– se hacen particularmente nuevas y exigentes. No son solamente las cambiadas situaciones del mundo y los nuevos desafíos de la historia; tampoco son solamente las palabras del Papa que nos llama a una nueva evangelización y a un nuevo dinamismo misionero. Las palabras del Papa son un eco nuevo y urgente de la invitación y del mandato de Jesús: "Vayan y prediquen". "Vayan, también ustedes, a mi viña". Por consiguiente, es Jesús mismo, el Resucitado, el Señor de la historia, quien nos llama y nos compromete.

De un modo particular, llama y compromete a los fieles laicos como modo específico de vivir en el mundo su bautismo, de hacer madurar su fe y realizar su misión en los "nuevos areópagos" de nuestra historia contemporánea.

Acogemos con alegría y disponibilidad total el mandato misionero de Jesús. "La Iglesia tiene que dar hoy un gran paso adelante en su evangelización;

debe entrar en una nueva etapa histórica de su dinamismo misionero" (ChL 35). Acogemos con humildad el don del Espíritu Santo que nos consagra para la misión desde la profundidad de la comunión. Comunión con el Padre por el Hijo en el Espíritu Santo, comunión orgánica del pueblo santo de Dios, comunión misionera de la Iglesia.

El Señor nos conceda la pobreza, la contemplación y "la caridad apostólica" de María, la Virgen misionera, la "Estrella de la Evangelización" que supo comunicarnos en Jesús el camino de la misión, porque vivió en la fecundidad de la comunión con la Trinidad, desde el silencio de la contemplación, la alegría del servicio y la serena fortaleza de la cruz...

"ENTREGAR A LOS DEMÁS LO QUE HEMOS CONTEMPLADO"

(Santo Tomás, 2,2,q.188,a.6)

Siempre me gustó repetir y meditar esta frase de santo Tomás: "Contemplata aliis tradere". Para mí —en mi larga vida de enseñanza, de predicación y de actividad pastoral—, constituyó siempre una invitación a la contemplación, de la cual debe derivar la acción, la doctrina, la predicación: "*ex plenitudine contemplationis derivatur doctrina et praedicatio*". Como en los apóstoles. Como en Jesús. La acción apostólica de la Iglesia hunde sus raíces en la contemplación. La "nueva evangelización" y el "dinamismo misionero *ad gentes*" derivan de la contemplación; como deriva de la contemplación el trabajo pastoral con los jóvenes.

De un modo especial, quisiera subrayarlo ahora que estamos preparando la X Jornada Mundial de la Juventud, que se celebrará en Manila, bajo este significativo lema: "Como el Padre me envió a mí, yo también los envío a ustedes" (Jn 20,22). Un envío al mundo desde la íntima unión con Dios.

Es importante esta frase del Papa en *Redemptoris Missio* (n. 91): "El contacto con los representantes de las tradiciones espirituales no cristianas, en particular las de Asia, me ha corroborado que el futuro de la misión depende en gran parte de la contemplación. El misionero, si no es contemplativo, no puede anunciar a Cristo de modo creíble. El misionero es un testigo de la experiencia de Dios". Volveremos al final sobre este texto del Papa.

En realidad, el texto de santo Tomás (tan denso en fecundidad contemplativa y fruto sapiencial de su personal y continua experiencia de Dios), intenta explicar la superioridad de la vida religiosa mixta (contemplativa y activa) sobre la vida religiosa puramente contemplativa o puramente activa. El texto dice:

"Así como es más perfecto iluminar,
que solamente ver la luz, así también es más
perfecto comunicar a otros lo contemplado,
que solamente contemplar".

La explicación de santo Tomás coincide con la frase tan expresiva de san Bernardo cuando comenta el elogio de Jesús sobre el Precursor: "*Ille erat lucerna ardens et lucens*" ("Juan era la lámpara que arde y resplandece", Jn 5,35). San Bernardo comenta: "Resplandecer solamente, es vano; arder solamente, es poco; arder y resplandecer es lo perfecto" (san Bernardo, Sermón en la Natividad de San Juan Bautista).

El texto de santo Tomás –"*contemplata aliis tradere*" (entregar a los demás lo que hemos contemplado)– hay que ubicarlo en el contexto cultural y religioso de su tiempo (necesidad de acercar el convento a la "ciudad", a la "universidad", a la corte...), teniendo en cuenta la específica vocación personal que santo Tomás asume con lucidez y pasión eclesial, como "maestro de teología" y "fraile predicador", fiel hijo de Domingo de Guzmán.

Santo Tomás vive en persona el reto de la nueva cultura y se entrega apasionadamente a su vocación docente. Esto queda reflejado de modo maravilloso en la conciencia *"lúcida con que asume su vocación universitaria".* Tras la fase preparatoria de bachiller sentenciario (1252-1256), afronta su tesis doctoral con una *"inceptio"* (prueba o especie de *"lectio coram"* con la que consigue su *"licentia docendi"* como maestro de teología), inspirada en el texto del salmo 104,13: *"Rigans montes de superioribus suis; de fructu operum tuorum satiabitur terra",* que traducimos: "Desde lo alto riegas las montañas, y la tierra se sacia con el fruto de tus obras". Este escrito es, quizá, el mejor testimonio de la conciencia con que concibe y asume su vocación, y a la vez la mejor ilustración de cómo vivió el *"contemplata aliis tradere".* Aquí Tomás describe al magíster (todo magíster-doctor tiene como ejemplo a Cristo, el único Maestro interior: Cf. *De Verit.* q.11...) como uno que vive o debe vivir en la cercanía de Dios. Para ello introduce la grandiosa *"imagen del monte":* el maestro como un monte elevado; un monte que toca las nubes de Dios, que por vocación se eleva sobre el vulgo... y a la vez el monte como lugar abundante en aguas, lagos... que han de regar los valles, sus discípulos...

Aparecen así todos los temas del *"contemplata aliis tradere":* el oficio docente y evangelizador como plenitud activa de una vida contemplativa-estudiosa que responsablemente se entrega; Cristo como ejemplo al que el doctor-maestro (el nuevo monje) se asimila, copiando su vida contemplativo-activa.

Pero lo que yo quisiera subrayar ahora es la infalible fecundidad apostólica y misionera de la contemplación: *solo el contemplativo puede transmitir a los demás las cosas de Dios.* La "nueva evangelización" exige hombres y mujeres profundamente contemplativos. "El misionero ha de ser un «anhelo de santidad contemplativo en acción»" (RM 91).

No pretendo hacer una reflexión teológica sobre la contemplación. Quiero simplemente comunicar lo que yo experimento personalmente y lo que veo que obra Dios en su Iglesia. O lo que veo que Dios exige hoy en su Iglesia evangelizadora y misionera. Es toda la Iglesia la que está llamada a la "nueva evangelización" y a un nuevo "dinamismo misionero *ad gentes*". Por consiguiente, toda la Iglesia –particularmente los fieles laicos "protagonistas de la nueva evangelización"– está llamada a vivir un momento privilegiado de actividad contemplativa y toda la vida contemplativa –bajo el "nuevo ardor" del Espíritu de Pentecostés– tiene que irradiar la luz, el fuego y la alegría de la Buena Noticia de Jesús y de su Reino.

"LO QUE HEMOS CONTEMPLADO" (1 Jn 1,1)

Deseo partir de un texto de san Juan que siempre me ha impresionado (y que el Papa recuerda también en *Redemptoris Missio*, n. 91): "Lo que existía desde el principio, lo que hemos oído, lo que hemos visto con nuestros ojos, lo que hemos contemplado y lo que hemos tocado con nuestras manos acerca de la Palabra de vida –pues la vida se manifestó, y nosotros la hemos visto y damos testimonio y les anunciamos la vida eterna, que estaba vuelta hacia el Padre y que se nos manifestó–, lo que hemos visto y oído, se lo anunciamos, para que también ustedes estén en comunión con nosotros. Y nosotros estamos en comunión con el Padre y con su Hijo, Jesucristo. Les escribimos esto para que nuestra alegría sea completa" (1 Jn 1,1-4).

Es un texto clave para comprender la urgencia y fecundidad de la contemplación. Subrayo estas cinco palabras: *contemplación, testimonio, anuncio, comunión, alegría.* Es particularmente importante tenerlas presentes en nuestro trabajo con los jóvenes. Porque en los jóvenes de hoy –sobre todo en determinados países más pobres– hay hambre y sed de Dios, de oración, de contemplación. Y hay que procurar saciarla, siendo nosotros verdaderos "maestros de oración".

Contemplación

"Lo que hemos oído, lo que hemos visto
con nuestros ojos, lo que hemos contemplado
y lo que hemos tocado con nuestras manos
acerca de la Palabra de vida".

San Juan –"el discípulo al que Jesús amaba", el que "estaba reclinado muy cerca de Jesús" (Jn 13,23)– tenía una experiencia privilegiada del Señor; desde el primer momento en que fue llamado por Jesús: "«Maestro, ¿dónde vives?». «Vengan y verán», dijo Jesús. Fueron, vieron donde vivía y se quedaron con él ese día" (Jn 1,35-39). La contemplación es un encuentro íntimo con el Señor, una convivencia con Jesús, una experiencia de Dios. En ese momento callamos, escuchamos, descubrimos, amamos, acogemos, gozamos. Después vendrá el momento del testimonio, del anuncio, de la profecía: "Hemos encontrado al Mesías" (Jn 1,41).

Testimonio

"Nosotros lo hemos visto y damos testimonio".

El testimonio es consecuencia inmediata del encuentro, de la convivencia, de la experiencia de Dios. Es el caso de María Magdalena: "Fue María Magdalena y dijo a los discípulos que había visto al Señor y que había dicho estas palabras" (Jn 20,18). No es que la contemplación sea una visión (es una mirada simple y una intuición serena); pero sí supone un encuentro, un silencio y una iluminación interior. El testimonio es una irradiación de esa luz y el anuncio es una comunicación creíble de lo escuchado adentro, de lo vivido gozosamente en el silencio y en el encuentro. En su primer discurso a la gente, el día mismo de Pentecostés, Pedro dice sencillamente: "A este Jesús Dios lo resucitó; de lo cual todos nosotros somos testigos" (Hch 2,32). Esta expresión ("todos nosotros somos testigos") es constante en los primeros discursos apostólicos. Pero quiero recordar solo las palabras de Pedro en casa de Cornelio: "A este (Jesús de Nazaret), Dios lo resu-

© narcea, s. a. de ediciones

citó al tercer día y le concedió la gracia de aparecer-
se, no a todo el pueblo, sino a los testigos que Dios
había escogido de antemano, a nosotros que comimos y bebimos con él... Y nos mandó que predicá-
ramos al pueblo, y que diésemos testimonio" (Hch
10,40-42). Es importante comprender la exigencia
del testimonio (fruto de la íntima comunión con el
Señor) para la nueva evangelización.

Anuncio

> "Y les anunciamos la vida eterna que estaba
> vuelta hacia el Padre y que se nos manifestó".

Juan anuncia contemplativamente la Palabra que
estaba en Dios y era Dios, la Palabra que era vida y
luz, por quien fueron hechas todas las cosas, pero
que el mundo no supo conocer, que los suyos no recibieron y que las tinieblas intentaron apagar; pero
"la Palabra se hizo carne y puso su morada entre nosotros y nosotros hemos contemplado su gloria, gloria que recibe del Padre como Hijo único lleno de
gracia y de verdad" (cfr. Jn 1,1-14). El anuncio fue hecho por el mismo "Hijo único" y acogido en su pobreza y disponibilidad por los discípulos de Jesús,
empezando por su propia Madre, la primera discípu-
la del Señor. "A Dios nadie lo ha visto jamás: el Hijo
único que está en el seno del Padre, él lo ha contado"
(Jn 1,18). La contemplación no es la visión, pero sí su
comienzo en la tierra. Solo quien vive "en el seno del
Padre" puede contar los secretos del Padre.
   Solo el contemplativo −el que convive con el Señor, el que lo ve, lo escucha, lo acoge− puede anun-

ciarlo a los hombres de modo creíble. De lo contrario, son simples palabras humanas –muy bellas, apasionantes, ardientes– pero no son "la Palabra de vida" que estaba en Dios y era Dios. "La vida se manifestó, y nosotros la hemos visto y damos testimonio y les anunciamos la vida eterna que estaba vuelta hacia el Padre y que se nos manifestó", "lo que hemos visto y oído se lo anunciamos a ustedes".

Comunión

> "Se lo anunciamos a ustedes, para que también
> ustedes estén en comunión con nosotros,
> y nosotros estamos en comunión con el Padre
> y con su Hijo, Jesucristo".

Llegamos al fruto verdadero de la contemplación: crear comunión. La contemplación arranca de nuestra profunda comunión con Dios, con Jesucristo, con la Trinidad. La contemplación solo es posible en aquellos –hombres y mujeres– que viven en el amor y que buscan fraternalmente, con la sencillez del pobre, la verdad. Pero la contemplación tiende a crear espacios de comunión: con los hombres y con Dios. La verdadera contemplación nunca separa del mundo ni aísla del sufrimiento de los hombres. El verdadero contemplativo dilata en su corazón los espacios de la caridad y abre su capacidad de descubrir y acoger las necesidades de los hombres. Como la Virgen de Caná: "Y como faltaba vino, la Madre de Jesús le dijo: «No tienen vino»" (Jn 2,3).

El verdadero contemplativo sabe descubrir los problemas de los otros y tiene una inagotable capacidad de servicio. Por eso, el contemplativo es hombre de comunión y crea necesariamente comunión. Los problemas no los crea el contemplativo. En una comunidad, cuanto más honda y verdadera es la contemplación –en una auténtica experiencia de Dios– tanto más irrompible es la comunión. Porque, en definitiva, es una "comunión con el Padre y con su Hijo Jesucristo". La "nueva evangelización" exige comunidades-comunión; lo cual es solo posible si se vive en el dinamismo misionero de la contemplación, que es fruto y don del Espíritu Santo.

Alegría

> "Les escribimos esto para que nuestra alegría sea completa".

El término de la contemplación es la alegría. El contemplativo, porque vive constantemente la experiencia de Dios, es necesariamente alegre. Imperturbablemente alegre. Y siembra alegría a su alrededor, aun en medio de la cruz, del sufrimiento, de la tragedia. Jesús, el contemplativo del Padre, nos habló de la alegría precisamente en los momentos precedentes a la pasión: "Les he dicho esto, para que mi alegría esté en ustedes y su alegría sea perfecta" (Jn 15,11). "Su tristeza se convertirá en gozo... ustedes están tristes ahora pero volveré a verlos y se alegrará su corazón y su alegría nadie se la podrá quitar" (Jn 16,20-22).

La alegría que nos promete Jesús es un "efecto del amor" (santo Tomás 2,2,q.28,a.1) y fruto del Espíritu Santo ("el fruto del Espíritu es amor, alegría, paz...", Gal 5,22). Por eso es una alegría completa y duradera. El cielo es entrar "en la alegría del Señor" (Mt 25,21); la contemplación desemboca en la plenitud gozosa de la visión: "ahora somos hijos de Dios y aún no se ha manifestado lo que seremos. Sabemos que, cuando se manifieste, seremos semejantes a él, porque lo veremos tal cual es" (1 Jn 3,2).

"JESÚS SE ESTREMECIÓ DE GOZO EN EL ESPÍRITU SANTO" (Lc 10,21)

La contemplación no es fruto del esfuerzo humano: es don del Espíritu Santo a las almas pobres. Por eso mismo, quisiera señalar algunas condiciones que nos abren más fácilmente a la contemplación.

La pobreza

"Felices los pobres de espíritu,
porque de ellos es el Reino de los cielos"
(Mt 5,3).

La pobreza es la primera condición para ser contemplativos; cuando tenemos demasiadas cosas, perdemos capacidad para descubrir lo que llevamos dentro (la inhabitación de la Trinidad) y aspirar a lo que está arriba: "La vida de ustedes está escondida con Cristo en Dios" (Col 3,3), perdemos la libertad interior y nos sentimos pesadamente aferrados a lo que nos rodea. La contemplación exige una apertura libre, desde un interior tranquilo y sosegado, a las cosas, a las personas, a Dios.

Lo mismo pasa cuando pensamos simultánea-mente en muchas cosas y perdemos la síntesis de la sabiduría verdadera. La contemplación es la búsque-da de la verdad; por eso mismo la búsqueda de Dios. La contemplación se ubica en el ámbito de la sabidu-ría verdadera; aquella sabiduría que, "aun siendo sola, lo puede todo... entrando en las almas santas, forma en ellas amigos de Dios y profetas, porque Dios no ama sino a quien vive con la sabiduría" (Sb 7,27-28). La contemplación exige despojo de todo, de la com-plicación de nuestros razonamientos humanos, de la pretensión de saberlo todo, de analizarlo todo, de hablar de todo.

Por eso la contemplación exige silencio interior, capacidad humilde de escucha, serenidad y sencillez. Es el único modo de penetrar en los secretos del Rei-no: "Yo te bendigo, Padre, Señor del cielo y de la tie-rra, porque has ocultado estas cosas a sabios e inteli-gentes, y se las has revelado a los pequeños" (Mt 11,25). ¡Cuánta necesidad tiene el mundo de hoy de que los cristianos hagan una verdadera "opción por los pobres"! Pero que vayan a ellos con un corazón "evangélicamente pobre", con la generosa disponibili-dad para recibir, más que para dar, y con la alegría de saber que los pobres nos evangelizan. La contempla-ción nos tiene que llevar a tres cosas:

- A descubrir dónde están los verdaderos pobres de hoy.

- A penetrar profundamente en el misterio de Cristo, "el cual, siendo rico, por ustedes se hizo pobre a fin de que se enriquecieran con su po-breza" (2 Cor 8,9).

- A proclamarlo con ardor y sencillez: "Entonces Felipe... le anunció la Buena Noticia de Jesús" (Hch 8,35).

La pobreza se manifiesta en que "el Hijo del Hombre no tiene dónde reclinar la cabeza" (Mt 8,20); pero la extrema pobreza de Jesús es el propio anonadamiento de la encarnación: "se despojó de sí mismo, tomando la condición de siervo, haciéndose semejante a los hombres... obedeciendo hasta la muerte y muerte de cruz" (cfr. Fl 2,6-11). La pobreza nos prepara a la contemplación y nos introduce en ella; el pobre tiene hambre de oración y goza el regalo de la contemplación.

El amor

La contemplación es la experiencia gozosa de un Dios-amor. Juan, el contemplativo, conoce esta experiencia y por eso escribe: "Y nosotros hemos conocido el amor que Dios nos tiene, y hemos creído en él. Dios es amor, y quien permanece en el amor permanece en Dios y Dios en él" (1 Jn 4,16). Esta experiencia de que "Dios nos amó primero" y que todo lo que ocurre en nuestra vida es fruto de su amor, es esencial para nuestra contemplación.

No podríamos entrar en contemplación si no estuviéramos seguros de lo siguiente: "En esto consiste el amor: no en que nosotros hayamos amado a Dios, sino en que él nos amó y nos envió a su Hijo como propiciación por nuestros pecados" (1 Jn 4,10). La certeza de que "Dios es amor", que "nos amó primero" y que "envió al mundo a su Hijo único para que vivamos por él" (cfr. 1 Jn 4,7-9), nos hace entrar en el gozo de la contemplación.

Pero la verdadera contemplación no se da sino en el ámbito de nuestro amor como respuesta: a Dios y a nuestros hermanos. "Nosotros amamos porque él nos amó primero" (1 Jn 4,19). "Queridos, amémonos unos a otros, ya que el amor es de Dios, y todo el que ama ha nacido de Dios y conoce a Dios" (1 Jn 4,7). En un clima de amor fraternal –del amor verdadero que viene de Dios– se vive comunitariamente la contemplación.

Una comunidad-comunión es necesariamente contemplativa; y una comunidad contemplativa es esencialmente fraterna, solidaria y misionera. Con tal que "la caridad de ustedes sea sin fingimiento" (Rm 12,9), "para amarse los unos a los otros sinceramente como hermanos. Ámense intensamente unos a otros con corazón puro" (1 Pe 1,22). La contemplación –que nace como fruto del amor (es don del Espíritu Santo) y crece en un clima de amor– desemboca en la visión. "La caridad no acaba nunca... Ahora vemos en un espejo, en enigma. Entonces veremos cara a cara. Ahora conozco de un modo parcial, pero entonces conoceré como soy conocido" (1 Cor 13,8.12).

La alegría y la esperanza

Si la contemplación es fruto del amor –experiencia íntima y profunda de un Dios amor–, no puede darse en corazones tristes. Puede sí darse en corazones atribulados. Es el caso de María en la presentación y en la cruz: "¡Y a ti misma una espada te atravesará el alma!" (Lc 2,35). "Junto a la cruz de Jesús, estaba su madre..." (cfr. Jn 19,25-27). Pero en estos momentos –y en lo cotidiano de su vida–, la actitud de Nuestra Señora fue siempre contemplativa: "María, por su parte, guardaba todas estas cosas y las meditaba en su corazón" (Lc 2,19.51). María, la contemplativa, fue invitada a la alegría por el ángel de la anunciación: "Alégrate, llena de gracia, el Señor está contigo" (Lc 1,28). Y María se pone prontamente en camino para llevar a su prima Isabel la alegría de la salvación (el fruto de lo engendrado en ella por el Espíritu y contemplado por ella en el silencio austero del camino de servicio): "Apenas Isabel oyó el saludo de María, el niño saltó de alegría en su seno" (Lc 1,41.44).

El sufrimiento sereno y silencioso nos capacita para una contemplación fecunda. Es el momento de la oración más intensamente contemplativa de Jesús: "Padre mío, si es posible, que pase lejos de mí este cáliz, pero no se haga mi voluntad sino la tuya" (Mt 26,39).

La alegría acompaña necesariamente a la contemplación, enseña santo Tomás (2,2,q.180,7), porque el objeto de la contemplación es Dios y porque es fruto del amor a Dios y al prójimo. La contemplación engendra en el alma alegría y paz: es la intuición sabrosa y duradera del bien supremo y engendra en nosotros la pronta disponibilidad para el servicio. De esta serenidad interior y de esta alegría profunda –en el amor de Dios y del prójimo– brota necesariamente la irradiación de la esperanza pascual: de la esperanza que hay en nosotros ("siempre dispuestos a dar respuesta a todo el que les pida razón de su esperanza", 1 Ped 3,15).

Es la esperanza teologal de la cual habla Pablo a los romanos uniéndola al amor de Dios y al Espíritu Santo que nos habita: "y la esperanza no falla, porque el amor de Dios ha sido derramado en nuestros corazones por el Espíritu Santo que nos ha sido dado" (Rm 5,5). Por eso la ardiente exhortación del apóstol: "sean alegres en la esperanza" (Rm 12,12) y la admirable conjunción de la alegría con la oración: "Estén siempre alegres. Oren constantemente" (1 Tes 5,16-17).

El signo más evidente de un alma verdaderamente contemplativa es la alegría serena y honda, imperturbable, que comunica. Es la alegría de la unidad en Dios, es el gusto de la verdad (verdadera sabiduría), es el anticipo de la alegría de la visión ("entra en la alegría de tu Señor", Mt 25,21).

"COMO EL PADRE ME ENVIÓ, TAMBIÉN YO LOS ENVÍO" (Jn 20,21)

Volvemos brevemente a un texto del Santo Padre que hemos citado al comienzo de nuestra exposición: "El futuro de la misión depende en gran parte de la contemplación. El misionero, si no es contemplativo, no puede anunciar a Cristo de modo creíble" (RM, 91). No es posible la nueva evangelización, ni el dinamismo misionero, sin la contemplación. Solo son creíbles los hombres, animados por el Espíritu Santo, que viven e irradian una profunda experiencia de Dios. Los que son pobres de verdad, los que viven en la sinceridad del amor, los que trasmiten la serenidad de las bienaventuranzas, los maestros de oración, los que están disponibles para la cruz y la muerte, los que irradian la alegría, testimonian el amor y siembran la esperanza.

Solo son acogidas las palabras que nacen del silencio contemplativo y se pronuncian con un nuevo ardor del Espíritu Santo. Son las palabras que manifiestan y comunican "la Palabra de vida" –"lo que existía desde el principio, lo que hemos oído, lo que hemos visto con nuestros ojos, lo que contemplamos y tocaron nuestras manos" (1 Jn 1,1)–.

Las palabras que anunciamos deben manifestar la coherencia de nuestra vida; por eso mismo debemos ser "realizadores de la Palabra": "Felices más bien los que escuchan la Palabra de Dios y la practican" (Lc 11,28). "Reciban con docilidad la Palabra sembrada en ustedes... Pongan por obra la Palabra y no se contenten solo con oírla, engañándose a ustedes mismos" (Sant 1,21-22). Solo es fecunda la acción, sólida y clara la doctrina, ardiente la predicación, que nacen de un corazón contemplativo: *ex plenitudine contemplationis derivatur... doctrina et praedicatio*" (2,2,q.188,6). Es lo que decía san Gregorio Magno:

> "Los santos predicadores, después de realizar
> su ministerio pastoral, vuelven siempre al seno
> de la contemplación para reanimar allí la llama
> del fervor y encenderse con el fuego de la luz
> divina... Lo que hablan en público, lo beben
> en la fuente del amor dentro de su corazón.
> Aprenden contemplando lo que enseñan
> predicando" (san Gregorio Magno, Ez. Lib II,2).

Somos enviados por Jesús, como Jesús fue enviado por el Padre. Pero el Padre envía a Jesús "a llevar la Buena Noticia a los pobres, a anunciar la liberación a los cautivos y la vista a los ciegos" (Lc 4,18). Por eso Cristo –después del prolongado silencio contemplativo de la vida oculta y del largo período del desierto– asume un estilo de vida en que "predicando y enseñando entrega a los demás lo contemplado" (cfr. santo Tomás, III,q.40,a.1 ad 2 y a.2 ad 3). Esto exige en Jesús seguir viviendo "*in sinu Patris*" (Jn 11,8) y ocupar largas horas de oración, en el desierto o en la montaña: "su fama se extendía cada vez más y acudían grandes multitudes para escucharlo y hacerse curar de sus enfermedades.

Pero él se retiraba a lugares desiertos para orar" (Lc 5,15-16). Después de la primera multiplicación de los panes, los evangelistas subrayan que Jesús "subió a la montaña para orar a solas" (Mt 14,23). Jesús vive y actúa entre los hombres, convive con ellos, les habla y los cura, pero es esencial para él el encuentro constante con el Padre.

El envío de los discípulos por Jesús presupone un encuentro con el Resucitado ("se presentó Jesús en medio de ellos"), una experiencia original y única que produce en ellos alegría ("los discípulos se alegraron de ver al Señor") y les infunde serenidad y paz ("la paz esté con ustedes"); presupone, también (y esto es esencial), una particular efusión del Espíritu Santo: "Reciban el Espíritu Santo" (cfr. Jn 20,19-23). Todo esto sucede "al atardecer de aquel día, el primero de la semana", es decir, en el día mismo de la resurrección; quiere decir que nuestro envío, nuestra misión, tiene que moverse siempre en el ámbito de la Pascua y de la Buena Noticia. Lo cual supone, como en Jesús, el enviado del Padre, una particular efusión (consagración) del Espíritu Santo. Es lo que revela Jesús en la sinagoga, cuando se aplica las palabras del profeta: "El Espíritu del Señor está sobre mí, porque me ha consagrado por la unción. Él me envió para llevar la Buena Noticia a los pobres" (Lc 4,18).

El Señor, antes de enviar a sus apóstoles, les promete una particular efusión del Espíritu Santo: "Recibirán la fuerza del Espíritu Santo, que vendrá sobre ustedes y serán mis testigos..." (Hch 1,8). La promesa se cumple el día de Pentecostés: "Estaban todos reunidos en un mismo lugar..., quedaron todos llenos del Espíritu Santo y se pusieron a hablar en otras lenguas, según el Espíritu les concedía expresarse" (cfr. Hch 2,1-4).

En *Redemptoris Missio*, el Papa dedica todo un capítulo (el III) al "Espíritu Santo protagonista de la misión". Todo envío es un *"envío en el Espíritu"* (RM 22). El papa Pablo VI escribía en *Evangelii Nuntiandi*: "No habrá nunca evangelización posible sin la acción del Espíritu...". Más adelante, nos abre a la esperanza: "Nosotros vivimos en la Iglesia un momento privilegiado del Espíritu. Puede decirse que el Espíritu es el agente principal de la evangelización" (EN 75).

Somos enviados por Jesús, como Jesús por su Padre: "no para condenar al mundo, sino para que el mundo se salve por él" (cfr. Jn 3,16-17); ungidos por el Espíritu para llevar la Buena Noticia a los pobres (cfr. Lc 4,18). Es el Espíritu de la oración y la contemplación, de la fortaleza y la misión, de la comunión fraterna y la esperanza. Es el Espíritu que ora en nuestro interior "con gemidos inefables" (cfr. Rm 8,26-27), que nos "guía hasta la verdad completa" (Jn 16,13). Es el Espíritu que arde en nuestros corazones, prepara nuestro testimonio y pone en nuestra boca las palabras que hemos de decir.

Hubo una mujer, sencilla y pobre, a la que Dios eligió para ser esposa de José, el carpintero, y madre de su Hijo Jesús, el redentor de los hombres. El Espíritu Santo la hizo profundamente contemplativa en lo cotidiano. "El nombre de la virgen era María" (Lc 1,27). Que María Santísima, la pobre y contemplativa, sobre la cual descendió el Espíritu Santo y engendró en ella "la Palabra hecha carne", nos enseñe a contemplar y a entregar a los demás lo contemplado: "*contemplata aliis tradere*".

"Si conocieras el don de Dios"

"Con María, la Madre de Jesús"
(Hch 1,14)
"Si tú conocieras el don de Dios"
(Jn 4,10)
Cfr.: Jn 4,5-15 y Hch 1,12-14; 2,1-8

Quisiera introducir estos trabajos con una invitación a la serenidad, a la responsabilidad, a la profecía personal, comunitaria, eclesial.

A todos dirijo mi más cordial saludo de bienvenida. Al rezar juntos, ya nos acogemos mutuamente, invocando a aquel que nos ha llamado a prestar a la Iglesia y a la sociedad civil este servicio. También quiero agradecer la generosidad y prontitud con la que habéis respondido a nuestra invitación. La disponibilidad que manifestáis para colaborar en este trabajo preparatorio de la IV Conferencia de las Naciones Unidas sobre la Mujer muestra una profunda conciencia de responsabilidad como cristianos y cristianas, como auténticos discípulos del Señor.

Acabamos de oír la narración de san Juan sobre el encuentro de Jesús con la samaritana. Un texto que, sin duda, es uno de los más hermosos y conmovedores del evangelio. Al Santo Padre le gusta citarlo para recordar "el don de Dios" revelado por Jesús a la samaritana y, en ella, a cada mujer, como don de verdad sobre su vocación. Nos hemos reunido para acoger de forma nueva y más profunda esta verdad. Para reflexionar juntos sobre nuestra respuesta cristiana al desafío de esta hora "dramática y magnífica" (ChL 3) de la historia.

Hace unos días, hemos celebrado la fiesta de Pentecostés. Hemos recordado la venida del Espíritu Santo sobre los discípulos que, reunidos en Jerusalén –"con algunas mujeres y con María, la Madre de Jesús" (Hch 1,14)–, esperaban el cumplimiento de la promesa del Señor. Este primer grupo de discípulos que había recibido el mensaje de Jesús era pequeño. A la fe que habían profesado, el Señor respondió enviándolos a anunciar "al mundo entero" la salvación. Para dar a conocer a cada hombre y a cada mujer el "don de Dios" que la samaritana ya conocía y había anunciado, contando a todos que había encontrado al Mesías (cfr. Jn 4,28).

ESPÍRITU DE VERDAD

Para que los discípulos pudiesen anunciar, fue necesario que descendiese sobre ellos el Espíritu prometido. El viento impetuoso que los despierta del estupor y los impulsa a la misión. El consolador que hace superar el miedo e infunde la fortaleza y la alegría. El fuego que purifica los corazones y los abre a la profecía. También nosotros necesitamos la fuerza y la luz del Paráclito. Para realizar el trabajo que tenemos entre manos necesitamos –sobre todo y en primer lugar– acoger al Espíritu de verdad, para que él nos introduzca en aquella "verdad del principio" que revela los designios de Dios sobre la mujer.

Nuestro aporte como cristianos en la humanización de la historia, que en este momento pasa concretamente por el intento de contribuir a la preparación de la próxima Conferencia de las Naciones Unidas sobre la Mujer en Pekín, no puede ser otra sino el testimonio eficaz y el anuncio claro y profético de la verdad que Cristo revela sobre el hombre en general y, específicamente, sobre la mujer.

El Santo Padre afirma continuamente la importancia de un "auténtico feminismo cristiano" basado sobre aquellos valores, en conformidad con los cuales "puede ser defendido y promovido el bien de toda la humanidad". A la luz del *don de Dios* revelado por Jesús a la samaritana.

Redescubrir y recoger este don significa dejarnos conducir por el Espíritu hacia el mismo Dios, hacia su designio de amor, del cual deriva toda la historia humana que se transforma en historia de salvación. En ella, la mujer ocupa un lugar privilegiado: desde Eva, madre de los vivientes, hasta la mujer apocalíptica, vestida de sol, con la luna debajo de sus pies y con una corona de estrellas sobre la cabeza (cfr. Ap 12,1). Pasando por María de Nazaret, la humilde "servidora del Señor" (Lc 1,38), la mujer nueva que nos da a Jesús, el Hombre Nuevo. Es en Cristo –y solo en él– en quien, a la luz del Espíritu de la verdad, podemos encontrar la revelación plena de la vocación y dignidad de la mujer. Vocación y dignidad que solo en Cristo encontrarán su plena realización.

Los temas que aparecen en la "Plataforma de acción" para la conferencia de Pekín nos imponen la difícil y gozosa tarea de articular la verdad a la que el Espíritu nos conduce, el "don de Dios" revelado por Jesús a la samaritana, con la gama de experiencias humanas de las que hoy está tejida la vida de las mujeres.

El primer anuncio de la verdad sobre el hombre lo encontramos en el acto de la creación:

Dios lo crea "a su imagen y semejanza"

Y lo crea "como hombre y mujer" (Gen 1,27). Hombre y mujer –así enseña el relato del Génesis con innegable evidencia– son personas, porque son capaces de relación y están destinadas a entrar en ella. Dios quiso dar al hombre la mujer como compañera, porque no era bueno que él estuviese solo. Al recibir a la mujer como "compañera semejante a él" (Gen 2,18), el hombre reconoce que ella es "carne de su carne" y "hueso de sus huesos" (Gen 2,23).

Dios creó al uno para el otro, al hombre y a la mujer. Pero no los creó "por mitades" o "incompletos". En la comunión personal que están llamados a constituir como "unidad de dos", cada uno está llamado a ser para el otro "una ayuda", un otro "yo" en comunión humana. Iguales en dignidad, tanto el uno como el otro son personas llamadas a realizarse a través de una recíproca donación. El hombre y la mujer, precisamente porque destinados a esta comunión, son –según la lógica del designio de Dios–

necesariamente diferentes (cfr. Catecismo de la Iglesia Católica, nn. 369-372).

El sentido de la diferencia
está en la común vocación a la "unidad de los dos",
en el amor que es "imagen de Dios"

El "ser hombre" o "ser mujer" significa, entonces, "no ser para sí mismo". Expresa un destino al "don de sí", característica del "ser persona" según el designio de Dios.

La "unión de los dos" en el matrimonio es ápice y paradigma de la recíproca complementariedad entre el hombre y la mujer que, juntos, reflejan la riqueza de Dios como su imagen. El matrimonio, y la familia que nace de él, son, por excelencia, camino y espacio de realización humana. Lejos de constituir una limitación para la realización sobre todo de la mujer, la dinámica del don recíproco es proceso de liberación interior, que se transforma en crecimiento personal.

La maternidad representa para la mujer una dimensión esencial de este proceso: esta forma específica del "don de sí", que es la transmisión de la propia vida, así como la única e insuperable relación de amor que establece con el ser que lleva consigo, constituyen la más plena realización personal femenina.

La vocación del hombre y de la mujer al mutuo don en la reciprocidad, no se reduce al ámbito del matrimonio y de la familia. Estas constituyen la célula base de todo el tejido social. Como tal, son modelo de toda la gama de relaciones humanas: en todos los niveles y en cada ambiente de convivencia humana, la justa complementariedad entre hombres y mujeres en el respeto mutuo y en la promoción de la dignidad de cada uno, constituyen una condición imprescindible para la humanización y salvaguardia de lo humano en nuestra sociedad.

Según los designios de Dios

La historia de la familia humana es camino para un encuentro de plena realización del hombre y de la mujer, *llamados a reflejar juntos su imagen*. Imagen que hoy, sin embargo, en muchas situaciones concretas se nos presenta irreconocible. Son más visibles la violencia, la opresión, la injusticia, el egoísmo y el odio que la capacidad de donación, la edificación de la comunión de amor, la unidad complementaria entre el hombre y la mujer que realiza el sentido de diferencia entre los dos.

Es el Espíritu de la verdad quien nos puede dar la única clave de lectura para que, por una parte, no ignoremos y así podamos identificar las fuerzas del mal en nuestro mundo; y, por otra, mantengamos viva la esperanza que nace de la certeza de la fe: tiene un sentido la historia dramática que vivimos.

Las dificultades que atravesamos son camino de salvación. Esta es la difícil y confortadora misión de la esperanza. La esperanza no es virtud de los débiles ni para los tiempos fáciles; es virtud de los fuertes y para los tiempos difíciles. Las dificultades son una invitación a una constante conversión a la luminosa "verdad del principio" que orienta el uno hacia el otro, el "ser hombre" y el "ser mujer", indicando a los dos el camino de la donación de sí en la libertad del amor. Tenemos que aceptar la innegable realidad de esta historia de pecado en la que todos nos sentimos sumergidos, pero que todos debemos iluminar con la esperanza.

Quien está más afectada y perjudicada por la actuación del mal, por la no realización del proyecto originario de Dios, es la mujer. Son precisamente su capacidad de relación y su extraordinaria capacidad de donación las que la hacen más vulnerable frente a la inversión de valores que permite al odio ocupar el lugar del amor y al egoísmo el lugar de la donación.

Reducida, tantas veces, a objeto de consumo y placer, transformada en esclava de deshumanas tiranías, a menudo discriminada a niveles escolásticos y laborales, manipulada muchas veces en sus reivindicaciones por programas y estrategias neomalthusianas, abrumada por la soledad y el peso moral y material y la ausencia de la figura paterna en el hogar, la mujer sufre profundamente por su falta de realización. Son fuertes las palabras del Santo Padre sobre esto, cuando dice: "la mujer no puede convertirse en «objeto» de «dominio» y de «posesión masculina»". Refiriéndose a todas "aquellas situaciones en las que la mujer se encuentra en desventaja o discriminada por el hecho de ser mujer", añade: "... en todos los casos en los que el hombre es responsable de lo que ofende la dignidad personal y la vocación de la mujer, actúa contra su propia dignidad personal y su propia vocación" (*Mulieris Dignitatem*, 10).

Es justa, legítima y necesaria la lucha de las mujeres contra toda ofensa de su dignidad y las formas de opresión que la hacen prisionera. Lucha que nace del legítimo deseo de poder expresar en plenitud su feminidad y dignidad. De querer encontrar y ver respetados aquellos espacios de libertad en los que puede realizar su vocación y la donación de sí. En definitiva, su donación a Dios.

Sí, es justa, legítima y necesaria esta lucha, pero solo en la medida en que reconquista el designio de Dios y tiene como criterio la fidelidad a él. Como la fidelidad de María al plan de Dios para la salvación del mundo. La lucha de la mujer por su liberación no podrá, por tanto, llevarla "a apropiarse de las «características masculinas», en contra de su propia «originalidad» femenina". Porque en este caso, en lugar de realizar su vocación y dignidad, la mujer llegaría a "deformar y perder lo que constituye su riqueza esencial" (ibíd.).

Nos hemos reunido precisamente para contribuir a reconquistar y a hacer reaparecer a la luz del Espíritu de la verdad esta riqueza –"el don de Dios" revelado a la samaritana–. Para trabajar, estudiar y comprometernos en la lucha en favor de la promoción de la mujer y del reconocimiento de sus derechos.

Sabemos –y el Santo Padre no se cansa de repetirlo– que el bien de la humanidad depende de la fidelidad de la mujer a su vocación, de la realización de su dignidad, de esta dignidad que "es medida en razón del amor, que es esencialmente orden de justicia y caridad" (*Mulieris Dignitatem*, 29).

La vocación de la mujer para dar amor –la fuerza humanizadora de su "profetismo"– constituye, en efecto, un factor irrenunciable de promoción del verdadero desarrollo, así como de paz y de equilibrio en las relaciones humanas, que son fruto de la justa concepción de la igualdad y diferencia entre el hombre y la mujer.

Anunciar esta verdad a un mundo que parece que la ha oscurecido totalmente, luchar por su reconocimiento y por su realización contra ideologías y sistemas que la derrumban y que quieren invertirla en nombre del progreso y de presuntos derechos humanos, es deber de todos nosotros, es parte esencial de la misión de la Iglesia.

La mujer cristiana tiene en esto una responsabilidad especial. La credibilidad del anuncio sobre la "verdad del principio" y la vocación y dignidad de la mujer recibe la fuerza de la autenticidad del testimonio de cada una de ustedes aquí presentes y de tantas mujeres que profesan la fe cristiana.

MARÍA EN EL CENÁCULO

La fuerza y la autenticidad del testimonio son, a su vez, fruto del Espíritu de Pentecostés, que introduce en la verdad completa y hace arder en el amor los corazones.

En el *cenáculo* de Jerusalén, como en la hora de la anunciación, *María* permanece fiel a su vocación de acoger al Espíritu, de dejarse habitar y enviar por él, para abrir espacios al actuar de Dios en la historia, al servicio de la salvación de la humanidad.

Como en los inicios de su historia misionera, también hoy el dinamismo apostólico y la capacidad de anuncio de la Iglesia supone la presencia, a veces silenciosa y sufriente, pero siempre activa de María y de otras mujeres. Es la profética apertura al Espíritu de verdad que capacita a la mujer para asumir "la lucha a favor del hombre, de su verdadero bien, de su salvación". Lucha paradigmáticamente representada en la Biblia con la imagen de la Mujer vestida de sol que, al dar a luz, lucha contra el dragón que amenaza la vida de su Hijo (cfr. Ap 12,1-6).

Afirma el Santo Padre que "precisamente en la «mujer», Eva-María, la historia constata una dramática lucha por cada hombre, la lucha por su fundamental «sí» o «no» a Dios y a su designio eterno sobre el hombre..." (*Mulieris Dignitatem*, 30). En su Encíclica *Veritatis Splendor*, el Santo Padre retoma este tema, invitándonos a "tomar conciencia de que la vida está siempre en el centro de una gran lucha entre el bien y el mal, entre la luz y las tinieblas". Y muestra la extraordinaria actualidad de la imagen de la Mujer apocalíptica, a quien el dragón quiere devorar a su hijo recién nacido. Este niño "en cierto sentido es también figura de cada hombre, de cada niño, especialmente de cada criatura débil y amenazada" (*Veritatis Splendor*, 104).

Cada mujer que acoge conscientemente en la fe el "don de Dios" desde su feminidad, asume al mismo tiempo la plenitud de su vocación al servicio de la vida, para la protección y la defensa de la vida, hoy tan amenazada. De esta responsabilidad por la vida, por lo humano y por el amor nace la fuerza moral de la mujer: "la mujer fuerte por la conciencia de esta entrega, es fuerte por el hecho de que Dios «le confía el hombre», siempre y en cualquier caso, incluso en las condiciones de discriminación social en la que pueda encontrarse" (ibíd.).

Hoy, esta lucha comienza frente a las condiciones sociales, culturales y políticas que impiden a tantas mujeres alcanzar la plena conciencia de su dignidad. O cuando son víctimas de una mentalidad materialista y hedonista que llega a reducirlas a objetos de un comercio organizado.

"Que las mujeres ayuden a las mujeres", es el desafío que el Santo Padre lanza a las mujeres (*Mensaje de Su Santidad Juan Pablo II para la Jornada Mundial de la Paz*, 1 de enero de 1995).

¡"Que las mujeres ayuden a las mujeres"! Este envío misionero se dirige a cada mujer consciente de la responsabilidad que le viene del "don de Dios" recibido. La llama a convertirse, como la samaritana, en signo de esperanza. Esta mujer, transformada por el encuentro con Jesús junto al pozo de Jacob, encarna "la cualidad típica del apostolado femenino también en nuestro tiempo: la humilde iniciativa, el respeto por las personas sin la pretensión de imponer un punto de vista, la invitación a repetir la propia experiencia, como camino para alcanzar la convicción personal de fe" (*Catequesis durante la audiencia general*, 13 de julio de 1994).

Pero no es solo frente a las situaciones de pobreza y opresión cuando es urgente anunciar la verdad. Son igualmente graves las amenazas contra la dignidad de la mujer y contra el bien de la humanidad que vienen de la idolatría de los éxitos de la técnica y de la ciencia, de la tentación de alcanzar el mayor bienestar material posible, de un individualismo que ignora el respeto hacia los derechos de los otros y las exigencias del bien común. Frente a estas tendencias que conducen inevitablemente a una progresiva pérdida de la "sensibilidad hacia todo aquello que es esencialmente humano", "el momento presente espera la manifestación de aquel «genio» de la mujer, que asegure en toda circunstancia la sensibilidad por el hombre, por el hecho de que es ser humano" (*Mulieris Dignitatem*, 30).

EL DON DE HABLAR OTRAS LENGUAS

¿Cuál va a ser nuestra respuesta concreta al mundo que espera la manifestación de lo genuino de la mujer, del "don de Dios" acogido ya por la samaritana?

Cuando los apóstoles dejaron el cenáculo para anunciar el Evangelio, por obra del Espíritu, hablaban todas las lenguas. Cada uno de los presentes "llegados de todas las naciones" los oía hablar y escuchaban la Buena Noticia en su propia lengua (cfr. Hch 2,5.8).

El Espíritu Santo también nos tiene que dar hoy a nosotros una capacidad de comunicación nueva, para que podamos transmitir nuestro mensaje y dar testimonio de nuestra convicción a aquellos hermanos y hermanas que vienen de "otras naciones", con experiencias y posturas distintas de las nuestras, que tantas veces son víctimas de la manipulación ideológica, de las presiones ejercidas por los medios de comunicación, por las campañas de publicidad determinadas por la especulación político-económica.

Intuimos que, detrás de estas "otras lenguas" que hoy se hacen oír, así como de los abismos que nos separan de ciertas matrices ideológicas, se esconde la búsqueda de la verdad, la lucha por una existencia realizada, la voluntad de afirmar y ver reconocida la propia dignidad.

Ciertamente no serán las palabras las que abrirán el camino de la verdad. Es necesario el testimonio, hay que actuar yendo al encuentro de aquellas hermanas nuestras y de aquellos hermanos nuestros que esperan un mensaje de esperanza "en su propia lengua", que los saque de la situación concreta que están viviendo. Aquella esperanza que "no quedará defraudada, porque el amor de Dios ha sido derramado en nuestros corazones por el Espíritu Santo que nos ha sido dado" (Rm 5,5).

Es urgente hacer que brille la luz de la vida –de la vida de ustedes y de la vida de tantas mujeres cristianas–, la verdadera visión de la mujer, para ayudar a encontrar respuestas objetivas y efectivas a los problemas que afligen a tantos seres humanos y, en particular, a un número tan grande de mujeres.

Es necesario comunicar y anunciar la experiencia espléndida del matrimonio, de la familia y de la maternidad como un camino de liberación y realización personal. Es necesario –hoy ciertamente más que nunca– empeñarnos con todos los medios a favor de condiciones sociales que favorezcan la constitución y el crecimiento de las familias, en las cuales los esposos y los padres puedan asumir con responsabilidad su misión.

Es urgente y necesario hacer brillar ante el mundo la luz de la virginidad consagrada y la fecundidad misteriosa de la vida religiosa totalmente entregada a Dios y al servicio de los hermanos. Estupenda manera de acoger, en el corazón y en la carne, "el don de Dios" para la salvación del mundo.

Tenemos que abrir espacios al ejercicio de la responsabilidad de la mujer en lo humano, para la humanización de la sociedad. Como lo recuerda el Santo Padre en el "Mensaje con ocasión de la IV Conferencia Mundial de la ONU sobre la Mujer", tenemos que reconocer "que la contribución de la mujer al bienestar y al progreso de la sociedad es incalculable; la Iglesia considera que las mujeres pueden hacer mucho más para salvar a la sociedad del virus mortal de la degradación y la violencia, que hoy registran un aumento dramático".

Pero, sobre todo, tenemos que desarrollar y proponer un trabajo cada vez más capilar y sistemático de formación integral de la mujer que la ayude e impulse a realizar el profetismo de lo que le es "genuino", para saber comunicar mejor a los demás "el don de Dios" que ya la samaritana había acogido. "Si conocieras el don de Dios".

Como los apóstoles, con María, no cesemos de invocar al Espíritu de la verdad, la fuerza del consolador, la luz de la sabiduría. Como los apóstoles, con María, dejémonos enviar. Pongámonos en camino, como la samaritana, porque el "don de Dios" recibido no es solo para nosotros. Es para ser anunciado "a todas las naciones". Como María y con María pongámonos enseguida en camino de anuncio de la Buena Noticia, en actitud positiva y creadora de profecía, de donación y de esperanza.

COLECCIÓN ESPIRITUALIDAD
TÍTULOS PUBLICADOS

HANNAN, P.: *Tú me sondeas.*

HEYES, Z.: *En casa conmigo y con Dios.*

IZUZQUIZA, D.: *Rincones de la ciudad.*

JÄGER, W.: *Contemplación.*
– *En busca del sentido de la vida.*
– *Un camino espiritual.*

JOHN DE TAIZÉ: *El Padrenuestro. Un itinerario bíblico.*
– *La novedad y el Espíritu.*

JOSSUA, J. P.: *La condición del testigo.*

JONQUIÈRES, G.: *Fitness espiritual.*

KAUFMANN, C. y MARÍN, R.: *El amor tiene nombre.*

LAFRANCE, J.: *Cuando oréis decid: Padre.*
– *El poder de la oración.*
– *El Rosario.*
– *En oración con María, la madre de Jesús.*
– *La oración del corazón.*
– *Ora a tu Padre.*

LECLERC DU SABLON, J.: *Vivir al estilo de Jesús.*

LAMBERTENGHI, G.: *La oración, medicina del alma y del cuerpo.*

LÉCU, A.; *Has cubierto mi desnudez.*

LÉCU, A., PONSOT, H. y CANDIARD, A.: *Retiros en la ciudad.*

LOEW, J.: *En la escuela de los grandes orantes.*

LÓPEZ BAEZA, A.: *La oración, aventura apasionante.*

LÓPEZ VILLANUEVA, M.: *La voz, el amigo y el fuego.*

LOUF, A.: *A merced de su gracia.*
– *El Espíritu ora en nosotros.*
– *Escuela de contemplación.*
– *Mi vida en tus manos.*

LUTHE, H. y HICKEY, M.: *Dios nos quiere alegres.*

MANCINI, C.: *Como un amigo habla a otro amigo.*
– *Escuchar entre las voces una.*
– *Libres y alegres en el Señor.*

MARIO DE CRISTO: *Dios habla en la soledad.*

MARTÍN, F.: *Rezar hoy.*

MARTÍN VELASCO, J.: *Testigos de la experiencia de la fe.*
– *Vivir la fe a la intemperie.*

MARTÍNEZ LOZANO, E.: *¿Dios hoy?*
– *Donde están las raíces.*
– *El gozo de ser persona.*
– *Nuestra cara oculta. Integración de la sombra y unificación personal.*

MARTÍNEZ MORENO, I.: *Guía para el camino espiritual.*

MARTÍNEZ OCAÑA, E.: *Buscadores de felicidad.*
– *Cuerpo espiritual.*
– *Cuando la Palabra se hace cuerpo, en cuerpo de mujer.*
– *Es tarde, pero es nuestra hora.*
– *Espiritualidad para un mundo en emergencia.*
– *Te llevo en mis entrañas dibujada.*

MARTINI, C.M.: *Cambiar el corazón.*
– *La llamada de Jesús.*

MATTA EL MESKIN: *Consejos para la oración.*

MERLOTTI, G.: *El aroma de Dios.*

MOLLÁ LLÁCER, D.: *De acompañante a acompañante.*

MONARI, L.: *La libertad cristiana, don y tarea.*

MONJE DE LA IGLESIA DE ORIENTE: *Amor sin límites.*

MORENO DE BUENAFUENTE, A.: *A la mesa del Maestro.*
– *A pie por el Evangelio.*
– *Alcanzado por la misericordia.*
– *Amor saca amor.*
– *Buscando mis amores.*
– *Como bálsamo en la herida.*
– *Desiertos.*
– *Eucaristía.*
– *Gotas de agua en sequedal.*
– *Habitados por la palabra.*
– *Invitados a copas.*
– *Palabras entrañables.*
– *Te hablaré al corazón.*
– *Voy contigo. Acompañamiento.*
– *Voz arrodillada.*

MOROSI, E.: *¿Cuánto falta para que amanezca?*